平潭壳丘头遗址图录

平潭国际南岛语族研究院
福建博物院文物考古研究所　编著
中国社会科学院考古研究所

科学出版社
北京

图书在版编目(CIP)数据

平潭壳丘头遗址图录 / 平潭国际南岛语族研究院, 福建博物院文物考古研究所, 中国社会科学院考古研究所编著. —北京: 科学出版社, 2019.10
ISBN 978-7-03-062472-7

Ⅰ. ①平… Ⅱ. ①平… ②福… ③中… Ⅲ. ①新石器时代文化–文化遗址–平潭县–图录 Ⅳ. ①K878.02

中国版本图书馆CIP数据核字(2019)第213158号

责任编辑：孙　莉　赵　越／责任印制：肖　兴
责任校对：邹慧卿／书籍设计：北京美光设计制版有限公司

科学出版社 出版
北京东黄城根北街16号
邮政编码：100717
http://www.sciencep.com

中华商务联合印刷（广东）有限公司 印刷
科学出版社发行　各地新华书店经销

*

2019年10月第　一　版　开本：889×1194　1/16
2019年10月第一次印刷　印张：17 1/4
字数：450 000

定价：298.00元
（如有印装质量问题，我社负责调换）

编 委 会

总顾问：林文耀

主　任：蔡福勇　吴礼源

副主任：陈道金　周建军

编　委（按姓氏笔画排序）：

杨　奋　陈　盛　范雪春　周振宇　侯榕贵
高李杰　凌　敏　龚张念　楼建龙　瞿小华

主　编：范雪春

编　纂：范雪春　危长福　王晓阳

壳丘头随想

龟山远望海无边,谁解先民逐浪迁。一万年前遗石器,八千里外点炊烟。砧锛同式脚①同韵,棒舞对神歌对天。南岛族人舟独北,壳丘头上拜先贤。

① "脚"音ka(咖)。在南岛语族四大语系中,脚的读音亦为咖,与福建方言同。锛,为平潭出土的石器,与南岛语族地区出土的生产工具相同。

卷 首 语

蓝蓝海疆，镶嵌着一颗璀璨的绿宝石——平潭岛。当你站在岸边的陡崖之上，极目远眺，叶叶扁舟在风起浪涌里荡漾，那郁郁葱葱的岛屿和忽隐忽现的礁岩映入眼底，你会感慨这是大自然恩赐世间的绝世佳景；当倾听后浪追逐前浪，冲击滩涂发出久不停息的声响时，你仿佛在欣赏一曲美妙的交响乐章。然而，尽管已经领略这里闻名遐迩的海蚀地貌和东海仙境般的一切，你却不是最早来到此地览胜的贵客。

自从地质时代全新世伊始，冰期结束，气候逐渐回暖，海平面上升，淹没了海坛海峡，遂把平潭岛和陆地分离开来，平潭孤岛也因此默默无闻地度过几千年。东方欲晓，莫道君行早。距今6500年前，平潭岛终于迎来新的曙光，它敞开博大胸怀，拥抱了第一批族群。正是这第一批族群，毅然决然地选择在平原镇山显美村临海背风的台地上安家落户，成了寂静之岛的最早居民，并用智慧和灵巧的双手，谱写出动人诗篇。

不积跬步无以至千里，不积小流无以成江海。正是壳丘头先民同力协契、日积月累的劳作，为后来者留下可赞可叹的遗址，还有那些不朽的杰作：形制规整的打制石器、精巧的磨制石器、鲜艳多彩独具风格的陶器、锋利无比的骨器和蚌器，以及美观大方的装饰艺术品。同时，也向我们倾诉他们在浩渺烟波里摸爬滚打捞鱼捕虾捡贝；在遮天蔽日的幽深密林和布满荆棘的灌丛中，追逐兽群和猎获动物那魂牵梦萦的艰辛历程。当目睹和聆听这一切，犹如郭金龙主任所说："这是上帝赐予平潭人民的一份厚礼！"你会为此向上苍祈祷：祝愿平潭综合试验区的现代化建设和壳丘头的古代文明交相辉映吧！

序

　　平潭是福建东部沿海的一个岛县，东濒台湾海峡，西和长乐、福清、莆田隔海相望。平潭由主岛海坛岛和126个岛屿、702个礁石组成，主岛南北长29千米，东西宽19千米，是福建沿海的第一大岛，也是中国的第五大岛，素有"东方马尔代夫"之称。

　　平潭岛历来就是一个由风和雨、海和石、山和云交织在一起的岛屿。据地质学家研究，平潭岛属闽东火山断裂区的沿海变质带，山地以中生代花岗岩、火山岩和变质岩为主，海湾低地和平原区分布有第四纪海相沉积物和近期风成砂。由于构造运动、海蚀、风蚀等各种营力的长期作用，岛屿和近海地带形成了奇特的海蚀地貌、众多的港湾和曲折的海岸线；平潭岛素以一望无际的海域，数不清的岛屿，细软诱人的沙滩，澄澈见底的浴场著称。"云来山更佳，云去山如画"，"姹紫嫣红的春，鸟语虫鸣的夏，月朗风清的秋，如烟若梦的冬"，就是对平潭山峦、浮云和四季的赞语。

　　闲云潭影日悠悠，物换星移几度秋。回想6500年前，一批先民最早踏上平潭岛开疆辟土，他们在壳丘头的低台地上建起杆栏式茅舍，围筑土窑，烧制陶器；选取石料，打制和磨制石器，制作骨器，风里来雨里去，过着艰辛但却丰足的生活，创建了福建沿海新石器时代最早的、具有浓厚海洋生活气息的"壳丘头类型文化"。著名考古学家张光直教授坦然指出，壳丘头文化不仅是台湾海峡新石器时代考古的一个关键，还是南岛语族的祖先文化之一；其重要的地理区位、时代特征及文化特征突显了该遗址对于研究闽台史前文化关系、南岛语族起源的重要性。

浮云飘不定，岁月如水流。数千年的时光过去，壳丘头先民涉危履险生活的点点滴滴依旧留下斑斑痕迹，他们的劳作，就像一幅非常原始但却饱含诗意的画卷；他们留下的每一件遗物，就像一首不经修饰但却十分朴实的诗篇。这一切，也许会让你久久不能忘怀，尤其平潭岛仙境般的景致和娓娓动听的碧海涛声，将让你永记在心。青丝暮成雪，光阴任人催，壳丘头考古发掘已经走过了 34 个春秋。1985 年的秋天，以林公务先生为领队，林聿亮、赖俊哲、吴裕孙、栗建安、严晓辉等为队员的福建考古队以科学的考古发掘将壳丘头文化的面貌呈现在考古学界及普通大众的眼前，而如今以范雪春教授为主的考古团队，借平潭国际南岛语族研究院成立之际，把壳丘头遗址出土的这批珍贵遗物，重新进行一番系统的梳理研究，并以图录形式较完整地公开出版面世，旨在宣传平潭古文明。

  本书是多元一体中华文明的一部分，更是福建史前文明研究领域的一项重要成果，可喜可贺，特此为序。

平潭综合实验区管委会　林文耀

2019 年 7 月 30 日

前 言

福建平潭壳丘头遗址位于素有"东方马尔代夫"之称的平潭岛,是目前所知福建沿海最早的新石器时代遗址。遗址背依低矮的山丘,面临古海湾,是一处典型的海岸贝丘遗址。壳丘头遗址出土的一批具有鲜明特征的陶、石等遗物被命名为"壳丘头文化"。其时代及文化特征为研究中国东南沿海早期史前文化提供了丰富的材料,同时该遗址的地理位置对于研究海洋文化、闽台史前文化关系和南岛语族起源等课题具有重要意义。

一、平潭岛概况

(一)地理位置及环境气候

平潭综合实验区位于福建省东部,北纬25°15′~25°45′,东经119°32′~120°10′。平潭古称海坛,又因岛上君山常年岚气弥漫,故称岚岛,由福建第一大岛——海坛岛和其他126个岛屿及702个礁岩组成,又有"千礁百岛"之美称,东临台湾海峡,西隔海坛海峡,与福清市、长乐、莆田市为邻,北望白犬列岛。东北部君山为最高峰,海拔400多米。

平潭为亚热带季风气候,夏长冬短,温热湿润,夏凉冬暖、霜雪罕见。全年平均气温19.6℃,最冷日平均气温10.2℃;最热日平均气温27.9℃。全年≥10℃的活动积温有6563℃,多年平均日照1919.7小时。雨热同季,旱雨季节分明,多年平均降水量1172毫米,蒸发量1300毫米,为福建省少雨区之一。季风明显,夏季以偏南风为主,其余季节多为东北风。风力年平均风速6.9米/秒,海湾地区全年大风(7级以上)日数为125天,是福建省强风区之一。7~9月高温干旱,常受热带风暴影响,年平均6.3次。气象灾害主要是台风、大风、暴雨、干旱等。夏季大旱出现概率高达 54%，为福建全省之冠。

平潭区位优势独特，旅游资源丰富。宽阔的海域与外海相连，众多的岛礁点缀其间，自然景观千姿百态，引人入胜。又地处亚热带海洋性气候区，日照充足，岛上风光秀丽迷人。既有宽阔平坦的天然海滨浴场，又有奇异独特的海蚀地貌，是集湖、海、沙石等景观于一体的海岛旅游胜地。

平潭境内地势低平，中部略高，地形以海积平原为主，南北有孤丘，有天然淡水湖三十六脚湖，是福建省最大的天然淡水湖。主要矿藏资源有花岗岩、石英砂。海岸曲折蜿蜒，码头林立，大小共有 35 处，主要渔港有澳前、流水。陆上交通有渔平高速与福建本土相连，即将建成的平潭海峡公铁两用大桥将进一步加强平潭与内陆的联系。渔业资源丰富，牛山渔场为全省三大渔场之一。名胜有国家级海岛森林公园、海坛风景名胜区。

（二）平潭的历史沿革

秦，平潭属闽中郡。

西汉属闽越国；闽越国灭亡后属会稽郡。

三国属吴；两晋属扬州；南朝属丰州。

隋，改丰州为泉州（今福州），平潭属泉州原丰县；大业三年（607年），泉州改置建安郡（郡治闽县，即今福州），平潭属之。

唐开创道、州、县三级制。武德元年（618年）属建州闽县，后置新宁县。武德八年（625年）属泉州长乐县。天宝元年（742年）属江南道长乐郡福唐县。

五代梁、后唐均属福州；后周属福州彰武军福清县。

宋朝改唐代的道、州、县制为路、州、县制。北宋属两浙西南路。南宋属福安府福清县。

元朝，中央设中书省，地方设行中书省，领路、州、县。平潭属福建行中书省福州路福清州。

明初承袭元制，改路为府。平潭属福清县。

清承明制，直属福州府。

中华民国实行省县二级制。仍属福州府，后改由省政府直辖。

中华人民共和国成立后，平潭属第四专署。后经几次变化，1983 年，平潭划归福州市人民政府管辖。

2009 年 9 月，福州（平潭）综合实验区管理委员会正式成立，平潭县与福州（平潭）综合实验区实行"政区合一"（行政区＋实验区）混合型管理模式。2012 年 2 月，福州（平潭）综合实验区更名为福建省平潭综合实验区，升格为正厅级机构。

二、壳丘头遗址及壳丘头文化综述

（一）位置与概况

壳丘头遗址位于平潭岛西北部的平原镇山显美村南垅自然村。遗址北依低矮的马后埔山，南面为古海湾滩涂，处于山麓与海湾间的台地之上，海拔 5 米，遗址所在地原为山麓向海湾延伸的低缓坡地，之后开垦成为耕种的台地。遗址东南面是平原镇往白青乡的公路（X163），北面距海约 5 千米，东南距平潭县城 15 千米（图 1）。

图 1　壳丘头遗址远景

[1] 林公务:《福建平潭壳丘头遗址发掘简报》,《考古》1991年第7期。

[2] 范雪春、焦天龙、巴里·罗莱、林公务:《2004年平潭壳丘头遗址发掘报告》,《福建文博》2009年第1期。

遗址于1964年调查时发现,当时东面台地已被X163切断,而早在1958年,当地村民在遗址区挖取贝壳烧壳灰,使得遗址被严重破坏。1985年秋至1986年春,福建博物馆考古队(现福建博物院考古研究所)首次对遗址进行了科学的考古发掘,由林公务先生主持,发掘面积772平方米,揭露贝壳坑、墓葬、柱洞等遗迹和一批丰富的陶、石、骨器等实物资料。林公务先生对这批资料研究后认为"同福建境内的昙石山文化相比较,或者临近地区的新石器文化相比较,有鲜明的特征",将其命名为"壳丘头类型文化"[1],推测该文化的年代在距今6000~5500年。

1988年,遗址被列为县级文物保护单位。

1991年,遗址被列为省级文物保护单位。

2004年,福建博物院与夏威夷大学人类学系、夏威夷毕士普博物馆合作进行"关于东南史前航海术和南岛语族"的课题研究,对壳丘头遗址进行了第二次发掘,发掘面积12平方米。本次发掘采集了有地层依据的测年样本,开展了多学科的研究。测年结果将壳丘头文化的年代确定为距今6500~5500年[2],是迄今福建沿海地区时代最早的新石器时代遗址(图2~图4)。

图2　2004年考古发掘工作现场

图3 2004年考古发掘工作现场——Barry Rolett 清理贝壳坑

图4 2004年考古发掘工作队合影（从左至右依次为彭菲、林明、范雪春、Barry Rolett 和焦天龙）

2015～2016年，为配合壳丘头考古遗址公园建设，由福建博物院、中国社会科学院东南考古研究基地和平潭综合实验区社会事业局联合组队，对平潭综合实验开展史前遗址勘探与调查，不仅了解壳丘头遗址核心区及其分布范围，还增加史前考古遗址数量，为后期考古遗址公园的建设、文物保护及规划以及开发利用提供了翔实的基础资料。

2019年，遗址被公布为第八批国家级文物保护单位和福建省第一批省级考古遗址公园。

（二）文化特征

壳丘头文化的特征主要表现在：首先，石器以平面呈梯形的小型石锛为代表，有少量的穿孔石器。石锛刃部宽平、弧顶或平顶，有的经过打制成形，粗磨与精磨皆有。此外，河流里捡拾的圆形砾石作为石球、凹石也是一类重要的工具。其次，发现大量的骨器。利用动物的长骨砸击成骨片后磨制前端形成骨匕或骨锥。最后，陶器以夹砂陶为主，占陶器总量的九成，泥质陶较少，此外还有少量的施红衣陶。陶器表面呈色不一，总体上以灰、黑、灰黄、红、褐色陶为主，其中灰陶所占比重较大。胎一般呈灰黑色或灰色，呈片状节理，器表典型纹饰是压印贝齿纹、戳点纹、刻划平行条纹、镂孔等，也有组合纹饰，口沿唇面压印短斜线或花口则多见。陶器为手制，内壁有凹窝，表面有湿手抹光的痕迹，口沿经过慢轮修整，流行圜底器、圈足器、零星的平底器。釜、罐、豆、盘是典型器形，特别是釜，口径大、敞口或侈口、口沿外侧刻划平行条纹、内侧沿面内凹、唇面呈波浪形，颈部经过明显的按压加固，肩腹部压印贝齿纹。

（三）生产生活与经济形态

从壳丘头文化所呈现的资料来看，壳丘头的原始居民过着定居的采集渔猎生活。生产工具中石锛较小，小者长度仅有3.5厘米，这类工具很难作为单体工具使用，应该是作为装柄的复合工具，用来采集或攫取食物；出土的大量陆生动物骨骼与骨镞、石球表明，狩猎在壳丘头原始居民生活中占有一席之地，至于有无畜养狩猎回来的动物目前仍不得而知。与陆生动物相比，大量的海生贝类、鱼类骨骼的出土又说明，捕捞是当时一项更重要的食物来源。故有学者将其概括为海洋性适应型经济[3]。在获取贝壳后，利用骨锥、骨匕和凹石，通过撬取或砸击的方式获取贝壳中的肉质。食物获取后用支座支起硕大的陶釜烹煮；骨针及纺轮的出土，可以推测当时的居民已经能纺线用以缝制衣物。陶器外表的纹饰虽然简单但也不乏精美之例，体现了壳丘头先民们原始的审美观念；墓葬及各种"祖"型支座，透露着早期的丧葬习俗与祖先崇拜信仰。根据环境考古方面的研究，当时的环境优越、气候温暖、资源丰富，为壳丘头先民的生产生活提供了充足的天然资源。不论如何，正是在优越的自然环境下，壳丘头遗址成为海岸边一处小型的聚落，壳丘头的居民可以在海岸聚族而居，创造出独具特色的史前文化。

（四）意义

壳丘头遗址及壳丘头文化的发现完善了闽江下游史前文化的年代序列，为研究福建新石器时代早期的史前土著文化提供了更多的材料。然而，壳丘头文化并非孤立存在的，相似的史前遗址曾见于福建本省发现的平潭祠堂后遗址、南厝场遗址、闽侯溪头遗址下文化层[4]、金门的富国墩[5]、金龟山遗址[6]等，另外，南至广东[7]、东到台湾[8]，皆存在与壳丘头文化特征相似的文化类型或遗址，说明此类遗存在于中国东南，甚至可以将眼光投向更远的越南所在的中南半岛，那里都有广泛的分布，是东南土著的文化，是其后形成的百越族群的祖先型文化。这类文化遗存从大陆到海岛皆有分布，为研究承载此类文化的族群的迁徙与交流互动提供了考古学上的证据。

壳丘头文化的发现成了台湾海峡两岸学者共同关注的课题，这也是南岛语族起源与扩散的关键问题，备受国际学界的关注。壳丘头文化与台湾的大坌坑文化之间有较多的共性，业已证实闽台之间的史前文化早在7000年前便有交流互动[9]。

在"南岛语族"起源的研究课上，20世纪以来，考古学家、语学学

[3] 臧振华：《中国东南海岸史前文化的适应与扩张》，《考古与文物》1999年第3期；焦天龙、范雪春：《福建与南岛语族》，中华书局，2010年；张驰、洪晓纯：《中国沿海的早期海洋适应性文化》，《南方文物》2016年第3期。

[4] 林公务：《闽侯溪头遗址第二次发掘报告》，《考古学报》1984年第2期。

[5] 林朝棨：《金门复国墩贝塚遗址》，《台大考古人类学刊》1969年第33、34期，第36页；韩起：《台湾省原始社会考古概述》，《考古》1979年第3期，第249页。

[6] 陈仲玉：《福建金门金龟山与浦边遗址》，《东南考古研究》（第二辑），厦门大学出版社，1999年。

[7] 广东省文物管理委员会：《广东潮安的贝丘遗址》，《考古》1961年第11期；R. Maglioni. Archaeological Discovery in Eastern Kwangtung, HongKong Archaeological Society, 1975（重刊版），转引自张光直：《中国东南海岸考古与南岛语族起源问题》，《南方民族考古》，四川大学出版社，1987年。

[8] 这一时期台湾以"大坌坑文化"为代表，代表性遗址以台北大坌坑、高雄凤鼻头、台南八甲村遗址、澎湖果叶遗址。

[9] 焦天龙、范雪春、巴里·罗莱：《壳丘头遗址与台湾海峡

2015～2016年，为配合壳丘头考古遗址公园建设，由福建博物院、中国社会科学院东南考古研究基地和平潭综合实验区社会事业局联合组队，对平潭综合实验开展史前遗址勘探与调查，不仅了解壳丘头遗址核心区及其分布范围，还增加史前考古遗址数量，为后期考古遗址公园的建设、文物保护及规划以及开发利用提供了翔实的基础资料。

2019年，遗址被公布为第八批国家级文物保护单位和福建省第一批省级考古遗址公园。

（二）文化特征

壳丘头文化的特征主要表现在：首先，石器以平面呈梯形的小型石锛为代表，有少量的穿孔石器。石锛刃部宽平、弧顶或平顶，有的经过打制成形，粗磨与精磨皆有。此外，河流里捡拾的圆形砾石作为石球、凹石也是一类重要的工具。其次，发现大量的骨器。利用动物的长骨砸击成骨片后磨制前端形成骨匕或骨锥。最后，陶器以夹砂陶为主，占陶器总量的九成，泥质陶较少，此外还有少量的施红衣陶。陶器表面呈色不一，总体上以灰、黑、灰黄、红、褐色陶为主，其中灰陶所占比重较大。胎一般呈灰黑色或灰色，呈片状节理，器表典型纹饰是压印贝齿纹、戳点纹、刻划平行条纹、镂孔等，也有组合纹饰，口沿唇面压印短斜线或花口则多见。陶器为手制，内壁有凹窝，表面有湿手抹光的痕迹，口沿经过慢轮修整，流行圜底器、圈足器、零星的平底器。釜、罐、豆、盘是典型器形，特别是釜，口径大、敞口或侈口、口沿外侧刻划平行条纹、内侧沿面内凹、唇面呈波浪形，颈部经过明显的按压加固，肩腹部压印贝齿纹。

（三）生产生活与经济形态

从壳丘头文化所呈现的资料来看，壳丘头的原始居民过着定居的采集渔猎生活。生产工具中石锛较小，小者长度仅有3.5厘米，这类工具很难作为单体工具使用，应该是作为装柄的复合工具，用来采集或攫取食物；出土的大量陆生动物骨骼与骨镞、石球表明，狩猎在壳丘头原始居民生活中占有一席之地，至于有无畜养狩猎回来的动物目前仍不得而知。与陆生动物相比，大量的海生贝类、鱼类骨骼的出土又说明，捕捞是当时一项更重要的食物来源。故有学者将其概括为海洋性适应型经济[3]。在获取贝壳后，利用骨锥、骨匕和凹石，通过撬取或砸击的方式获取贝壳中的肉质。食物获取后用支座支起硕大的陶釜烹煮；骨针及纺轮的出土，可以推测当时的居民已经能纺线用以缝制衣物。陶器外表的纹饰虽然简单但也不乏精美之例，体现了壳丘头先民们原始的审美观念；墓葬及各种"祖"型支座，透露着早期的丧葬习俗与祖先崇拜信仰。根据环境考古方面的研究，当时的环境优越、气候温暖、资源丰富，为壳丘头先民的生产生活提供了充足的天然资源。不论如何，正是在优越的自然环境下，壳丘头遗址成为海岸边一处小型的聚落，壳丘头的居民可以在海岸聚族而居，创造出独具特色的史前文化。

（四）意义

壳丘头遗址及壳丘头文化的发现完善了闽江下游史前文化的年代序列，为研究福建新石器时代早期的史前土著文化提供了更多的材料。然而，壳丘头文化并非孤立存在的，相似的史前遗址曾见于福建本省发现的平潭祠堂后遗址、南厝场遗址、闽侯溪头遗址下文化层[4]、金门的富国墩[5]、金龟山遗址[6]等，另外，南至广东[7]、东到台湾[8]，皆存在与壳丘头文化特征相似的文化类型或遗址，说明此类遗存在于中国东南，甚至可以将眼光投向更远的越南所在的中南半岛，那里都有广泛的分布，是东南土著的文化，是其后形成的百越族群的祖先型文化。这类文化遗存从大陆到海岛皆有分布，为研究承载此类文化的族群的迁徙与交流互动提供了考古学上的证据。

壳丘头文化的发现成了台湾海峡两岸学者共同关注的课题，这也是南岛语族起源与扩散的关键问题，备受国际学界的关注。壳丘头文化与台湾的大坌坑文化之间有较多的共性，业已证实闽台之间的史前文化早在7000年前便有交流互动[9]。

在"南岛语族"起源的研究课上，20世纪以来，考古学家、语学学

[3] 臧振华：《中国东南海岸史前文化的适应与扩张》，《考古与文物》1999年第3期；焦天龙、范雪春：《福建与南岛语族》，中华书局，2010年；张驰、洪晓纯：《中国沿海的早期海洋适应性文化》，《南方文物》2016年第3期。

[4] 林公务：《闽侯溪头遗址第二次发掘报告》，《考古学报》1984年第2期。

[5] 林朝棨：《金门复国墩贝塚遗址》，《台大考古人类学刊》1969年第33、34期，第36页；韩起：《台湾省原始社会考古概述》，《考古》1979年第3期，第249页。

[6] 陈仲玉：《福建金门金龟山与浦边遗址》，《东南考古研究》（第二辑），厦门大学出版社，1999年。

[7] 广东省文物管理委员会：《广东潮安的贝丘遗址》，《考古》1961年第11期；R. Maglioni. Archaeological Discovery in Eastern Kwangtung, HongKong Archaeological Society, 1975（重刊版），转引自张光直：《中国东南海岸考古与南岛语族起源问题》，《南方民族考古》，四川大学出版社，1987年。

[8] 这一时期台湾以"大坌坑文化"为代表，代表性遗址以台北大坌坑、高雄凤鼻头、台南八甲村遗址、澎湖果叶遗址。

[9] 焦天龙、范雪春、巴里·罗莱：《壳丘头遗址与台湾海峡

家、民族学家以各自的方法相互结合,认为南岛语族的起源地在亚洲大陆的东端甚至是中国的东南沿海,特别一提的是林惠祥与凌纯声两位老先生结合民族学、体质人类学和考古遗存,首次指出了中国东南的百越族群是马来人的起源,其重要的意义在于将中国东南与南岛语族纳入了统一的土著文化共同体[10]。之后张光直先生认为台湾最早的大坌坑文化"如果代表台湾本岛内南岛语族的祖先,那么台湾应该至少是原南岛语族的老家的一部分"[11],在大坌坑文化有没有延伸到大陆的思考下,张先生关注到金国富国墩文化,并认为富国墩文化是一个文化的两个地方类型,且将壳丘头文化也纳入了富国墩文化的内涵中,得出"如果富国墩文化是大坌坑文化在台湾海峡西岸上的表现,那么考古学的研究已经初步的把南岛语族的起源推上了福建和广东的海岸"[12],而福建的学者却与张先生持相反的观点[13]。总而言之,福建成了研究"南岛语族起源与扩散"这一国际性课题的前沿阵地。当然,也不能忽视中国东南的其他地区,毕竟中国东南是一个整体,土著文化在此地区有一脉相承的延续性发展,我们不应该割裂的看某个地区是否是成为"南岛语族"的起源地,更应该从"原百越－南岛"一体化进程的视角审视这一庞大的课题[14],而壳丘头文化作为百越的祖先文化即原百越文化,对其和同类型文化的深入研究,将对南岛语族的起源与扩散起到关键作用。

壳丘头文化的发现初步使某些考古学问题有了答案,同时也提出一些疑问,如壳丘头文化的源头在何处?壳丘头文化有无农业?壳丘头先民的体质特征为何?社会结构及聚落规模多大?有无功能分区?囿于目前考古材料的缺乏不得而知,今后应采用更先进的考古方法和理念,结合多学科的研究,进行有目的考古工作。

早期新石器时代文化》,《福建文博》2009 年第 2 期。

[10] 林惠祥:《林惠祥人类学论著》,福建人民出版社,1981 年;凌纯声:《中国边疆民族与环太平洋文化》,联经出版事业股份有限公司,1979 年。

[11] 张光直:《新石器时代的台湾海峡》,《考古》1989 年第 6 期。

[12] 张光直:《中国东南海岸考古与南岛语族起源问题》,《南方民族考古》,四川大学出版社,1987 年。

[13] 焦天龙、范雪春、巴里·罗莱:《壳丘头遗址与台湾海峡早期新石器时代文化》,《福建文博》2009 年第 2 期;林公务:《福建沿海的史前考古与早期海洋文化》,《福建文博》2012 年第 1 期。

[14] 吴春明、陈文:《"南岛语族"起源研究中"闽台说"商榷》,《民族研究》2003 年第 4 期。

凡例

    本图录以照片和线图为主，辅以文字说明的形式，将能反映遗址文化内涵和研究价值的典型器物集结成册，希望公众不仅能借此了解壳丘头遗址的独特内涵与魅力，亦能感受先民们的创造力、审美与智慧。对于本图录有以下几点说明：

    （1）关于器物标本：壳丘头遗址经过1985年和2004年两次考古发掘，并发表了发掘简报。依据1985年发掘报告，壳丘头遗址有上、下文化层之分，下文化层（简报中的第5和第6层，下同）为壳丘头文化遗存。上文化层（第2～4层）内涵较复杂，包涵历史时期至青铜时代及扰乱的下文化层的遗存。2004年发掘时的地层包括A、B、C、D、E共5层，B、C层相当于1985年发掘的上文化层，D层相当于1985年发掘的下文化层。本图录所收录的器物标本绝大部分来自下文化层，小部分来自上文化层中区分出的下文化层，还有少量的器物来自1964年壳丘头遗址调查采集的标本。另外还收录了上文化层中一些青铜时代及历史时期的器物，以展现壳丘头遗址全面、丰富的内涵。

    （2）关于器物编号：采用原来两次发掘时编号，此次图录编撰工作过程中并未重新编号或增加新编号。

    （3）图录构成：本图录根据出土遗物分门别类辑录成书，共分为五个部分，其中第二部分陶器篇中又收录了上文化层的器物，单独形成青铜时代至历史时期遗物部分。

    本图录是在前述两篇发掘简报的基础上编撰而成，对简报中已发表的器物进行了重新绘图，又新增大量标本，特别是简报未发表的上文化层的资料也辑入图录内。本图录可以作为简报的补充资料，旨在更全面展现壳丘头遗址的文化内涵。

目录

卷首语	iii
序	iv
前言	vi
凡例	xiv
石器	1
骨器	30
陶器	74
人类骨骼	214
动物骨骼和贝壳类	226
后记	256

石器

壳丘头遗址年代为距今 6500～5500 年,处于福建地区新石器时代中期。壳丘头的先民们已脱离了原始时代,在丰富、优越的自然环境下,过着定居的采集、渔猎生活。在长期实践过程中,根据不同生产、生活任务,先民们创造了不同类型的工具,从中可见他们的智慧与独特的审美。

　　壳丘头的先民们从附近山脚、河边、海边拾取磨圆度较好的砾石制作和加工工具,大多选择黑色细砂岩和花岗岩;他们制作打制石锛、磨制石锛、磨制石斧和石刀,装柄成为复合工具,用于采集或攫取食物;他们还打制刮削器,运用各种形状(长条形、扁圆形和椭圆形)的石锤和砺石加工骨、角器、竹器和木器;另外还发现一定数量的凹石,推测这与先民们对海洋资源的利用有关;最具特色的是对石球的利用,遗址发现了大量大小不一的石球,最小直径 3 厘米,最大直径超过 10 厘米,应是以此为投掷工具进行狩猎活动;玉玦的发现体现了制造者高超的制作工艺和审美。通过这些石器,为我们展示了一幅壳丘头先民们依海岸而居,努力适应、繁衍生息的生产、生活画面。

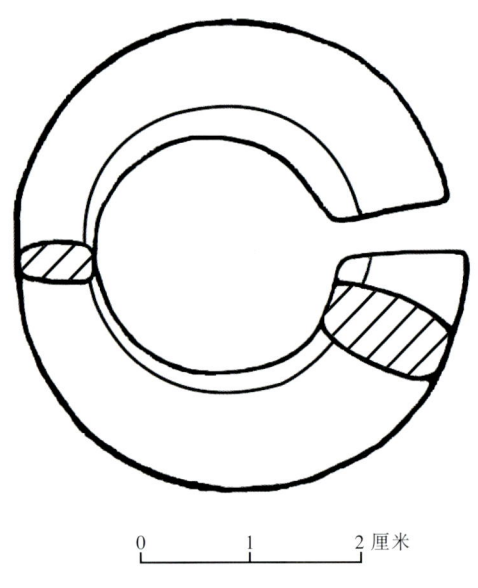

玉玦 PKT407⑤:10

新石器时代

外径 4.3、内径 2.2、厚 0.4～0.7 厘米

　　青白色，通体磨光，玦口宽而中间略窄。横剖面呈扁圆形。中部的玦孔上部大，为单面钻成。玦口切割平滑，玦口中部宽 0.4 厘米。

刮削器 85PK406⑥：6

新石器时代

长 7.4、宽 3.4、厚 1.2 厘米

　　直-凸刃刮削器。原料为黑色细砂岩。片状毛坯，平面略呈三角形。利用薄石片锋利的远端和侧边直接使用，即为直刃和凸刃，刃缘有使用痕迹。底部尖状残断，未发现修理和使用疤，未能确定是否用作尖刃器。

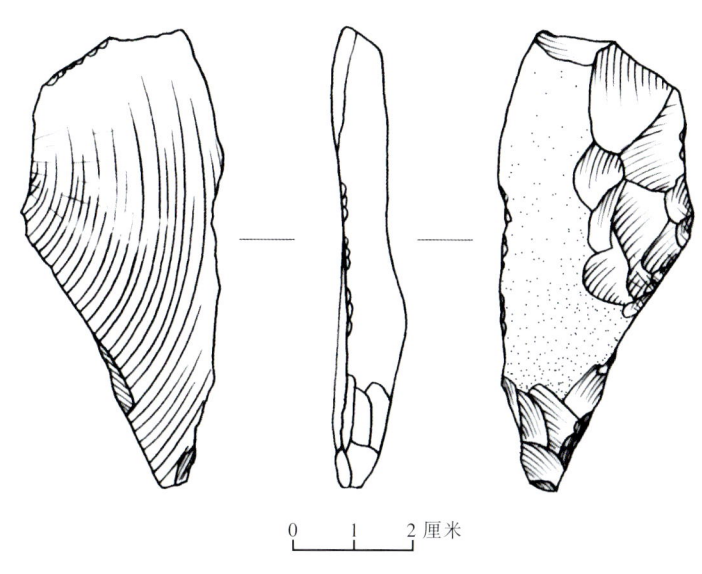

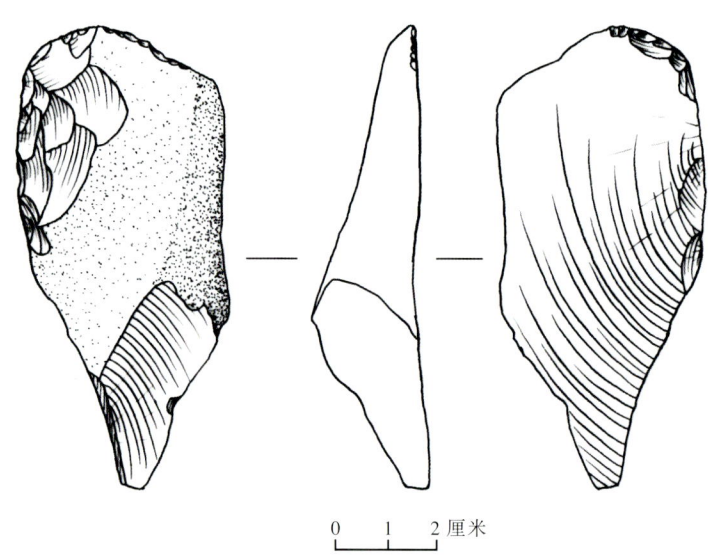

刮削器 85PK407⑤

新石器时代
长 8.6、宽 4.2、厚 2.2 厘米

单凸刃刮削器。原料为黑色细砂岩。片状毛坯，平面略呈三角形。石片的台面和侧边经过修理，减薄器身，规整器形。随后直接利用石片锋利的侧边作为凸刃，刃角 40°～45°。刃缘两侧均有细密的使用疤。

刮削器 85PK605⑤

新石器时代

长 7.4、宽 3.4、厚 1.9 厘米

单刃刮削器。原料为黑色细砂岩。片状毛坯，平面呈羽状。将片状毛坯的侧边和远端进行错向修理，规整器形，修出波浪形的刃缘。刃缘可分别作凸刃、凹刃，刃长 7.8 厘米，刃角 45°～65°，有使用痕迹。底部尖状残断，未发现修理和使用疤，未能确定是否用作尖刃器。

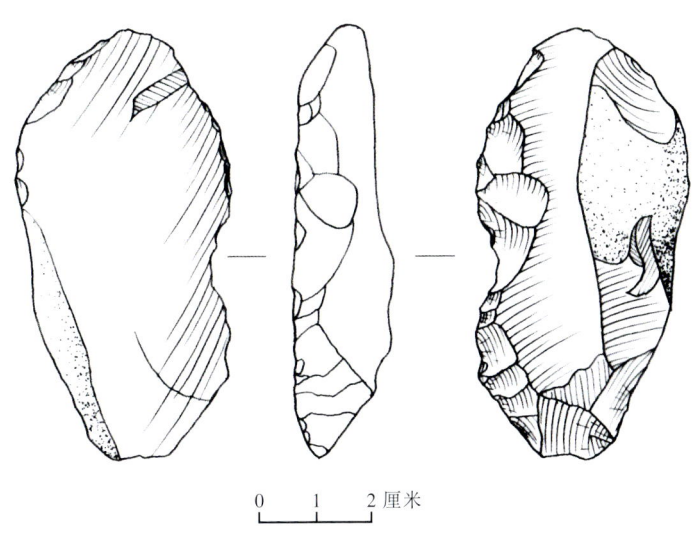

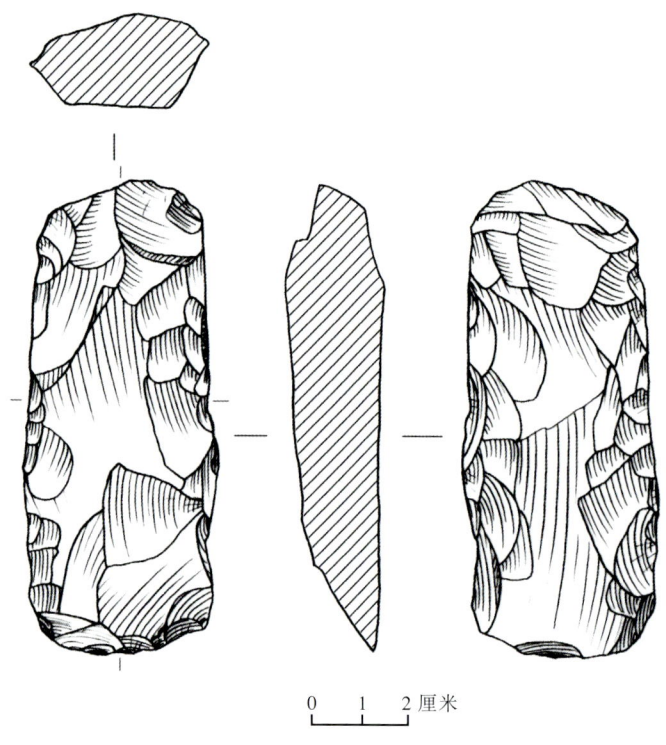

打制石锛 85PK404⑤:5

新石器时代

长9.7、宽4.1、厚2.1厘米

原料为安山岩。平面呈长方形,微弧顶,背部、正面均较平坦,横截面呈梯形。通体打制,两侧及顶部较钝厚,刃缘较锋利。刃长1.8、宽3.5厘米。

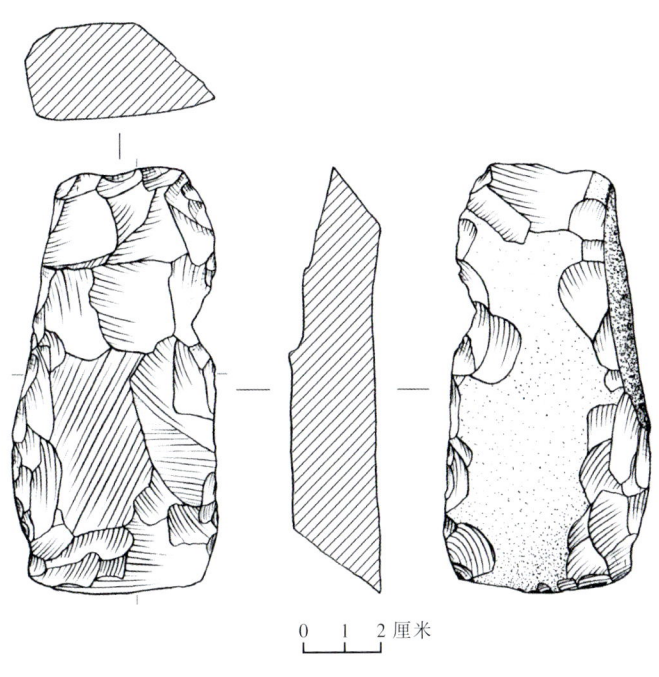

打制石锛 平潭南垄壳丘头遗址

新石器时代

长 1.5、宽 5.3、厚 2.4 厘米

原料为细砂岩。平面呈梯形，平顶，两面均较平坦，横截面略呈梯形。顶部、刃部、两侧均经过较彻底的两面修理，规整器形，器身两面均有多层修疤。正面、背面和左侧局部保留自然面和节理面。刃长 1.7、宽 2.8 厘米，刃缘较锋利，有使用痕迹。

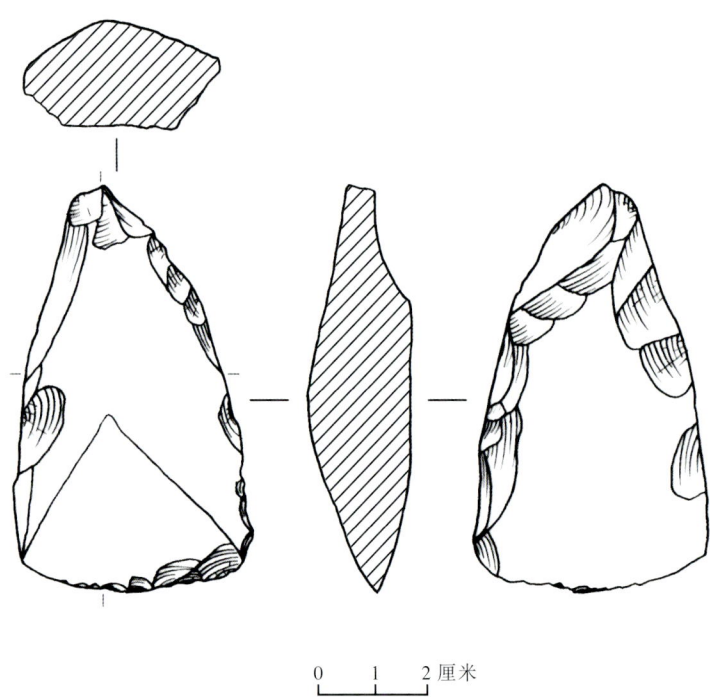

磨制石斧 85PK608⑤:11

新石器时代

长7、宽4.4、厚1.9厘米

原料为细砂岩。平面呈三角形，一面微弧，一面较鼓，横截面略呈梯形。双面打制后再磨制，两侧及顶部均留有打制片疤。刃缘圆弧形，经磨制。刃长3.2、宽4厘米，刃缘有使用痕迹。

石器 9

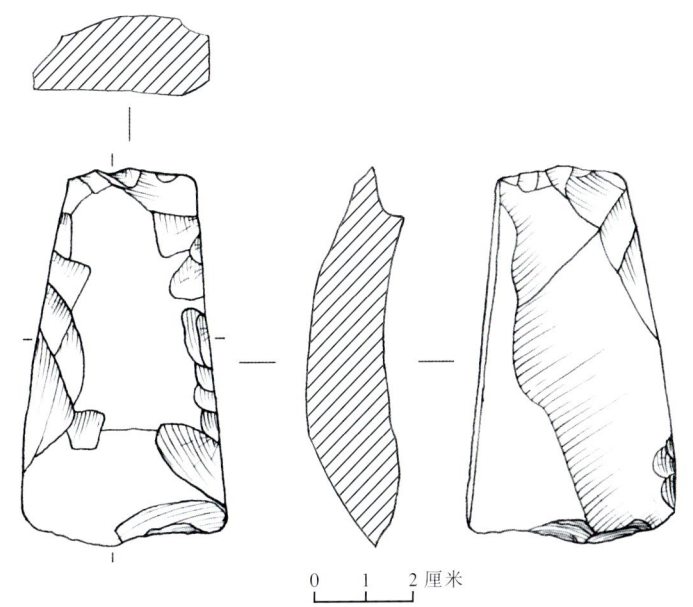

磨制石锛 平潭南垅壳丘头遗址

新石器时代

长 7.3、宽 4.2、厚 1.9 厘米

　　原料为安山岩。平面呈梯形，平顶，背部内凹，正面隆起，横截面略呈梯形。器身顶部两侧边和背面大部保留打制石片疤，其余部分经磨制。刃长 2.3、宽 4 厘米，刃缘两面均有较深使用疤。

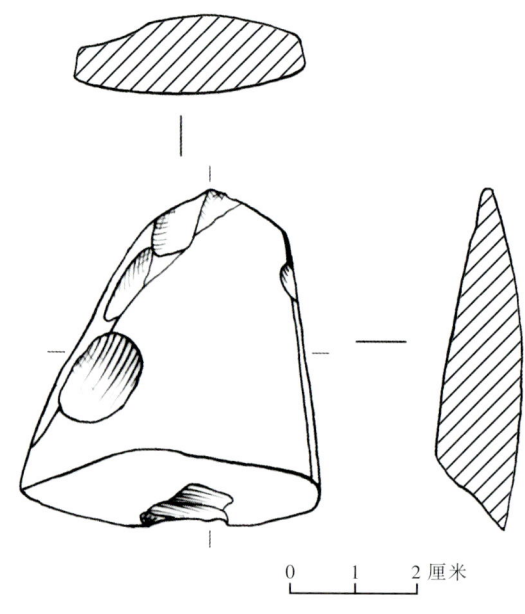

磨制石锛 85PK507⑤:7

新石器时代

长5.2、宽4.9、厚1.5厘米

原料为砂岩。平面呈梯形，弧顶，背部微隆，正面微弧，横截面略呈梯形。器身通体磨光，顶部与两侧有使用疤。刃长1.1、宽4.9厘米，刃缘较锋利，有使用痕迹。

 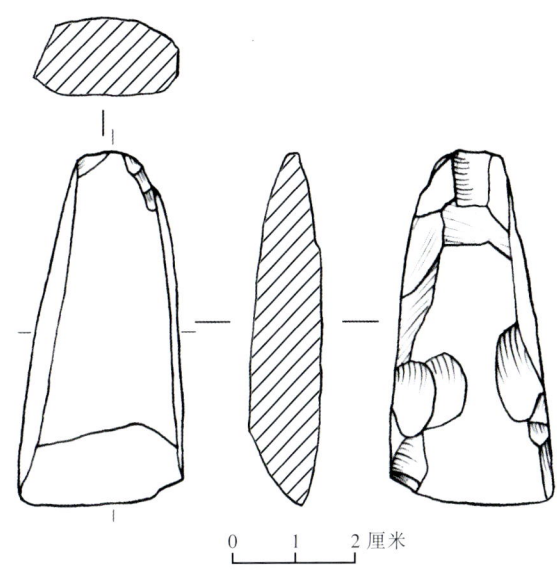

磨制石锛 85PK304⑤：3

新石器时代

长 5.5、宽 2.7、厚 1.2 厘米

　　原料为砂岩。平面呈梯形，平顶，背部微弧，正面微隆，横截面呈椭圆形。器身除顶部和两侧边有打制石片疤，其余部分经磨制。刃长 1.3、宽 2.5 厘米，刃缘较锋利。

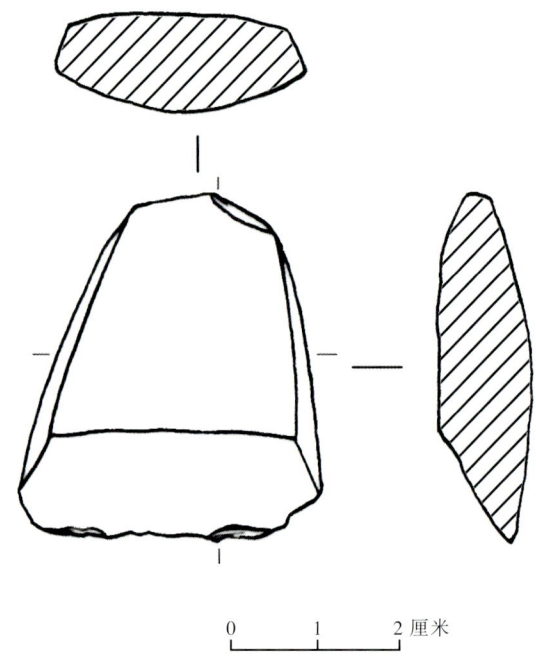

磨制石锛　85PK305⑤：3

新石器时代

长 4.1、宽 3.7、厚 1.1 厘米

　　原料为砂岩。平面呈梯形，弧顶，背部微隆，正面平坦，横截面略呈梯形。器身通体磨光，顶部有使用疤。刃长 1.3、宽 3.6 厘米，刃缘平直，有使用痕迹。

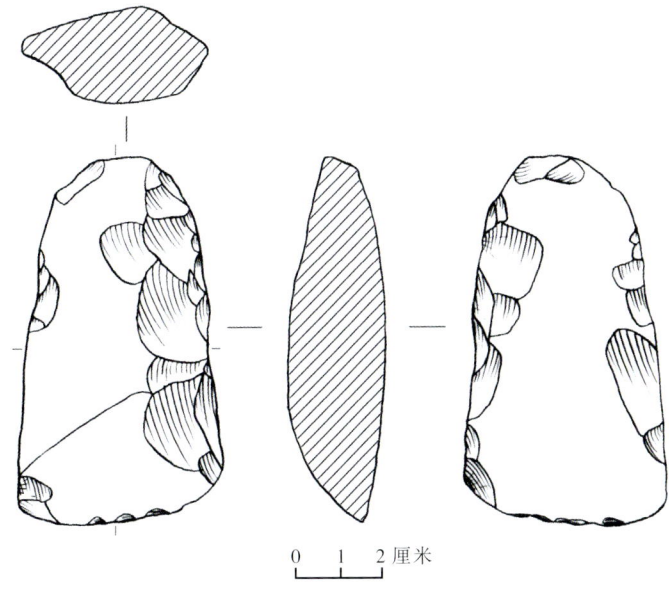

磨制石锛 85PKT502②：4

新石器时代

长 8.3、宽 4.8、厚 2.3 厘米

原料为安山岩。平面呈梯形，弧顶，背部微弧，正面隆起，横截面不规则。器身除顶部和两侧边有打制石片疤，其余部分经磨制。刃长3、宽 4.6 厘米，刃缘经过使用而不对称，刃缘两侧均有使用痕迹。

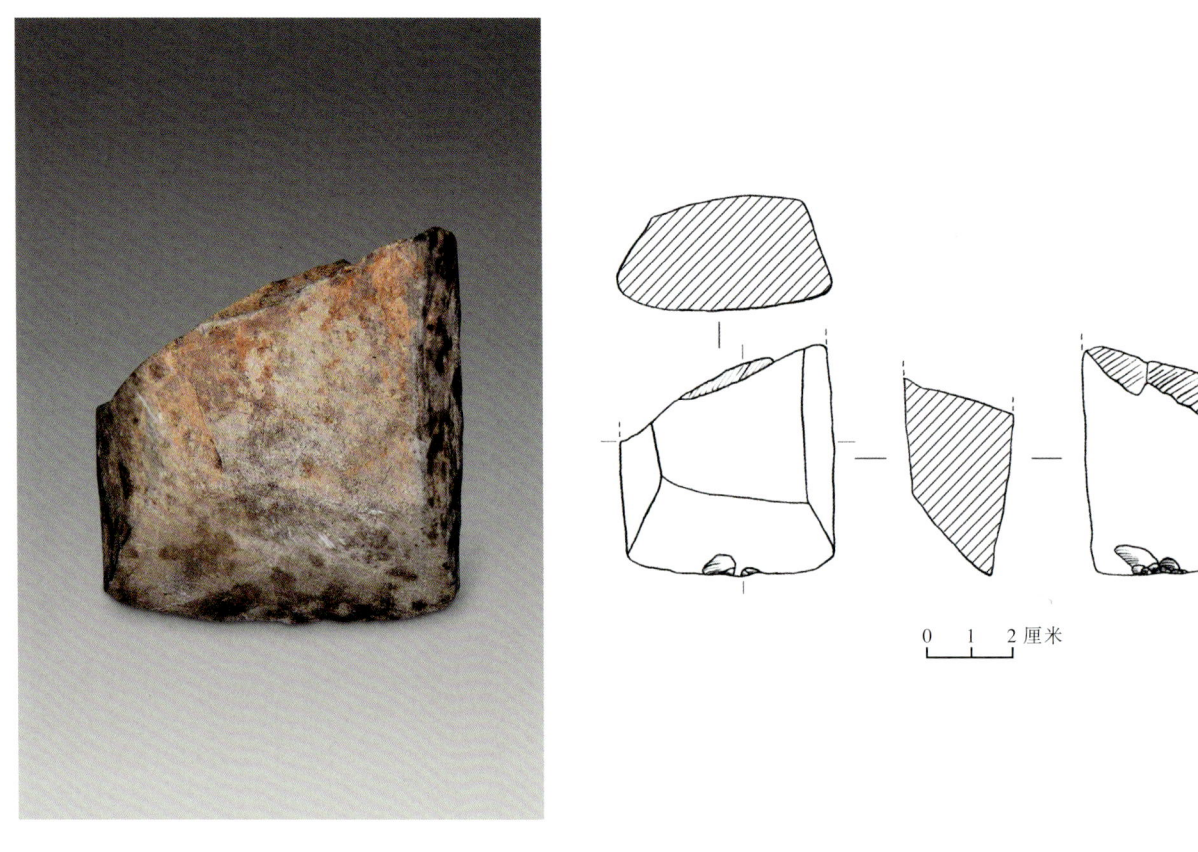

磨制石锛 85PK 采:6

新石器时代

残长 5.2、宽 5.1、厚 2.6 厘米

  原料为细砂岩。背部微隆，正面平坦，横截面呈梯形。器身通体磨光，器形规整。刃长 2、宽 4.9 厘米，刃缘两面均有使用痕迹，局部有轻微磨圆。

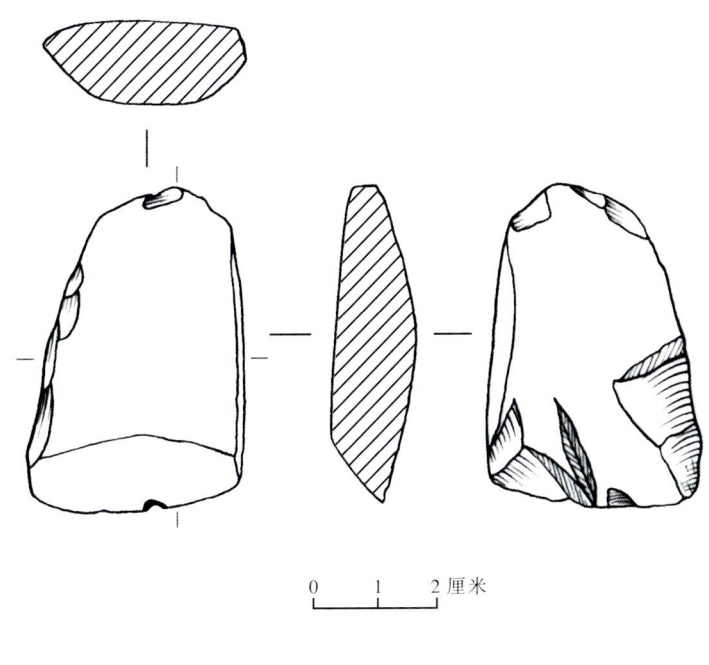

磨制石锛　85PK306⑤：2

新石器时代

残长 5、宽 3.5、厚 1.5 厘米

原料为安山岩。平面呈梯形，弧顶，背部隆起，正面平坦，横截面略呈梯形。器身除顶部和两侧边有打制石片疤，其余部分经磨制。刃长 1.2、宽 3.4 厘米，刃缘经过使用而不对称，有使用痕迹。

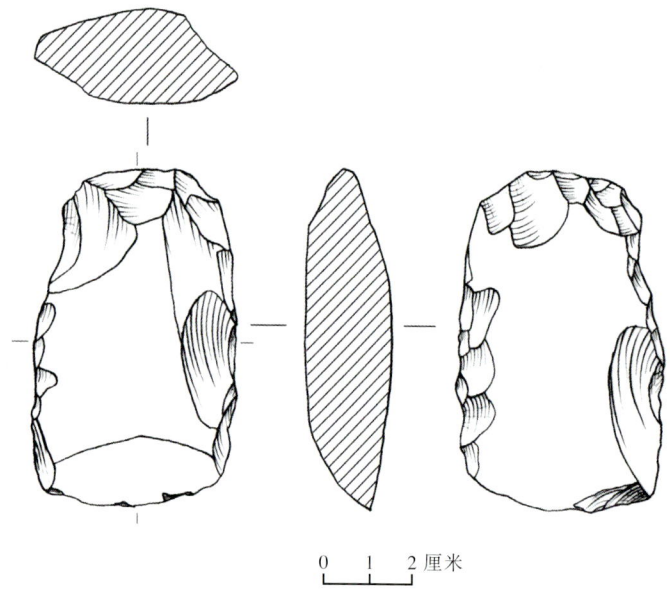

磨制石锛 85PK706⑤:4

新石器时代

残长7.3、宽4.6、厚2厘米

原料为安山岩。平面呈梯形,平顶,背部微弧,正面微隆,横截面不规则。器身除顶部和两侧边有打制石片疤,其余部分经磨制。刃长1、宽4厘米,刃缘经过使用而不对称,刃缘两侧均有使用痕迹。

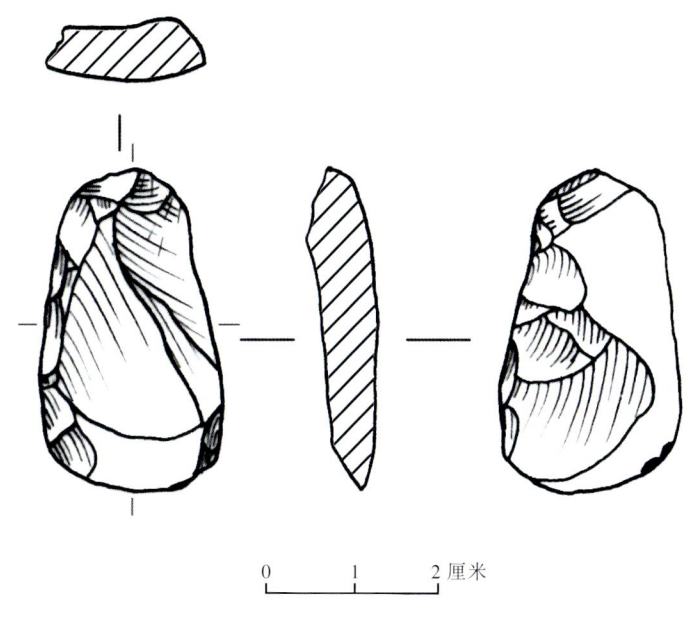

磨制石锛 85PK306⑤:1

新石器时代

长 3.6、宽 2.1、厚 0.9 厘米

　　原料为砂岩。平面呈梯形，弧顶，背部微隆，正面平坦，横截面略呈梯形。双面打制后再磨制，两侧及顶部均留有打制片疤。刃缘圆弧形，经磨制。刃长 0.6、宽 2 厘米，刃缘有使用痕迹且轻微磨圆。

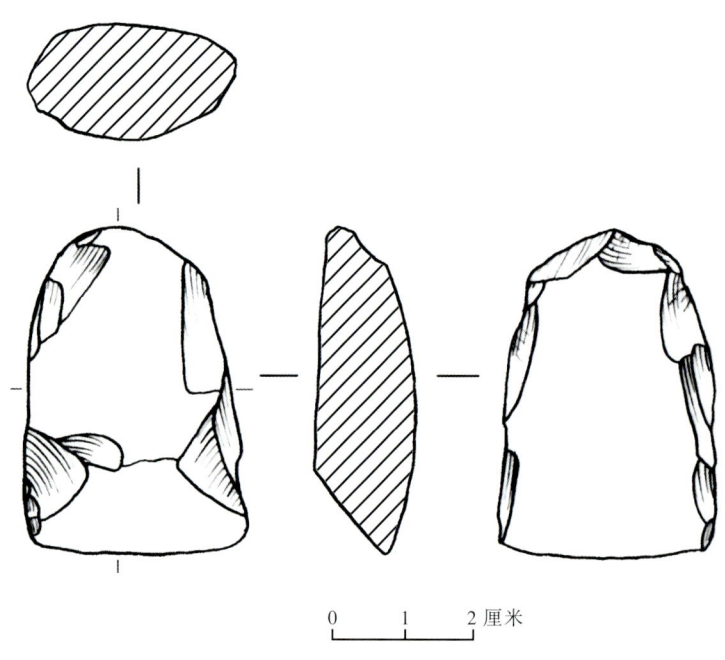

磨制石锛 85PK 采:1

新石器时代

长 5.4、宽 3.2、厚 2 厘米

　　原料为细砂岩。平面呈梯形,弧顶,背部弧起,正面平坦,横截面呈椭圆形。器身除顶部和两侧边有打制石片疤,其余部分经磨制。刃长 1.4、宽 3 厘米,刃缘较锋利。

磨制石锛

新石器时代

磨制石刀 85PK407⑤

新石器时代

长 6.4、宽 3.9、厚 2.2 厘米

原料为黑色砂岩。片状毛坯，平面呈长方形，截面略呈梯形。器身三侧和刃缘均经过修理，规整器形。正、反两面均经过磨制，一面磨得较平，一面仅稍加磨制。刃缘平齐，长 6.2 厘米，留有使用痕迹。

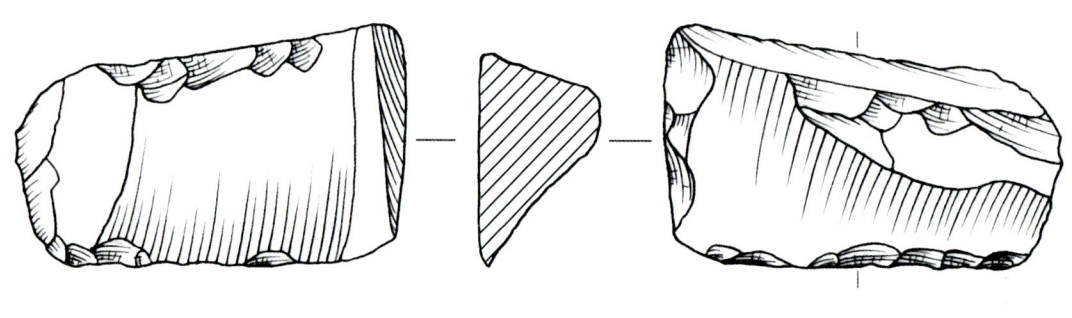

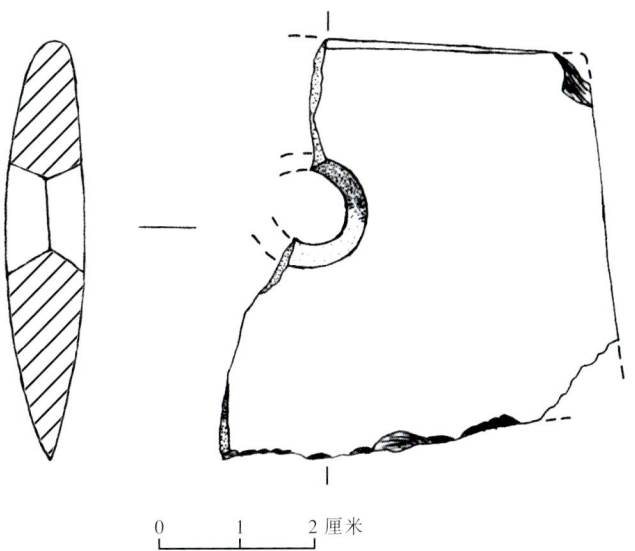

磨制石刀 85PKT502⑤：6

新石器时代

长5.8、宽6.3、厚1.1厘米

原料为片麻岩。残存平面呈长方形，通体磨光，器形规整，边缘平直，表面光滑，触手温润。中部偏上有一孔，对钻而成，由于残断，钻孔直径不明。平顶略弧；刃长而平直，有使用痕迹。

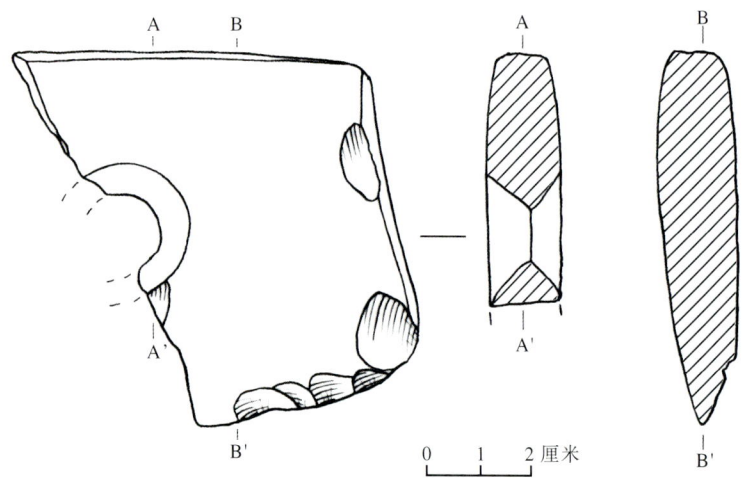

磨制石刀　平潭南垄壳丘头遗址

新石器时代

长 6.4、宽 7.2、厚 1.5 厘米

　　原料为片麻岩。通体磨光。器身双面微鼓，平顶，双面，平刃，圆孔，双面钻成，孔径 2.4 厘米。刃缘两面均有明显使用疤。

石器 23

石锤 85PKH10

新石器时代

长 15.9、宽 5.8、厚 4.6 厘米

原料为砂岩砾石，磨圆度好。平面呈长条形，截面呈椭圆形。石锤一端有点状使用痕迹。

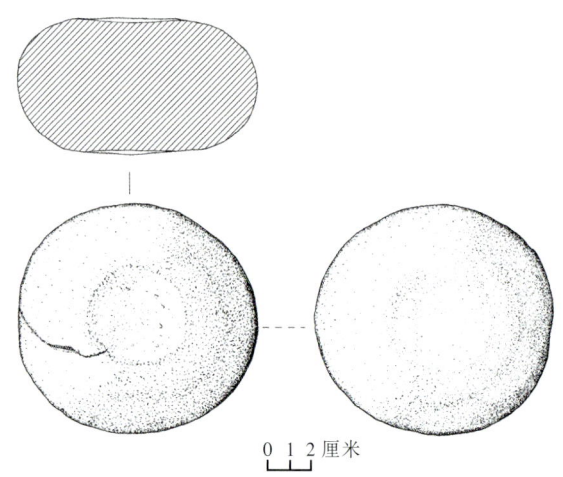

凹石 85PKT205⑤

新石器时代

长10.6、宽9.8、厚5.8厘米

原料为花岗岩。平面呈近圆形，上下2个平面的中部各有1个使用形成的凹坑：一面凹坑直径约4.4厘米，最深处0.15厘米，凹坑内分散分布麻点痕迹；另一面凹坑直径约5厘米，最深处0.15厘米，凹坑内有使用形成的磨光。

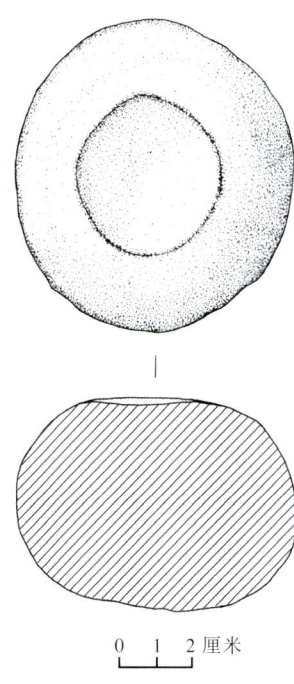

凹石 85PKH15

新石器时代

长 8.1、宽 7.6、厚 5.6 厘米

原料为花岗岩砾石，取自河流中，磨圆度好。上下两面相对较平，整体呈扁椭圆形。一面经过使用，形成直径约 3 厘米的浅平凹坑，最深处 0.2 厘米。器身侧面局部有许多细密凹坑和麻点状疤痕，推测此件器物亦做石锤使用。

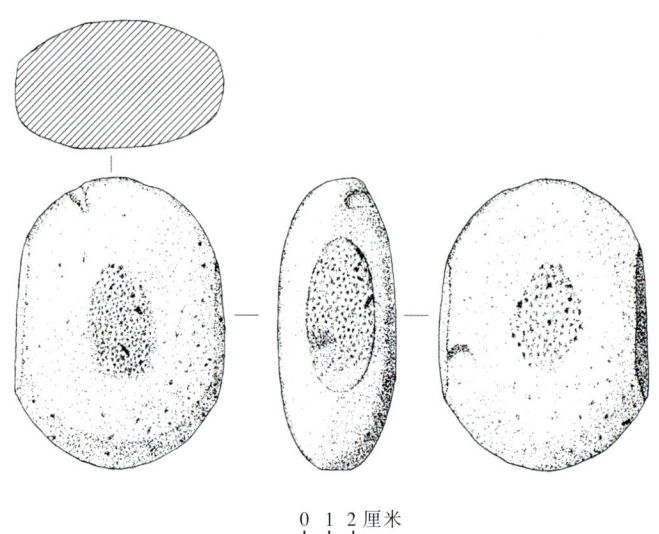

0 1 2 厘米

凹石 1964 壳丘头采

新石器时代

长 12.9、宽 8、厚 4.7 厘米

原料为灰色砂岩，磨圆度好。平面呈椭圆形，扁平状。两侧面较直，有明显的修理痕迹，推测为人为加工便于把握。器身上下两端有使用痕迹，呈凹坑状。上、下 2 个平面有较为集中麻点状痕迹，略有凹陷，推测此件器物亦做石砧用。

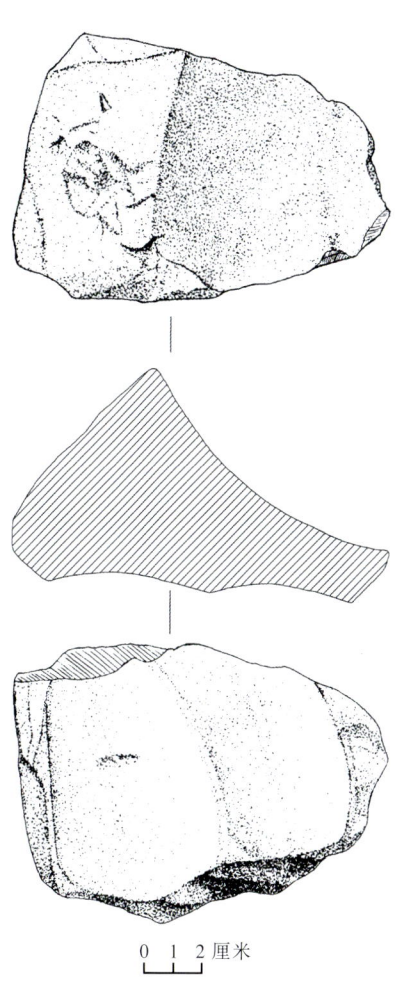

砺石 85PKT205⑤

新石器时代

长 9、宽 12.6、厚 8.5 厘米

原料为砂岩，形状不规则，截面呈三角形。器身的 2 个面共分布 3 个使用磨面。其中 1 个较宽大，长 7.3 厘米，宽 0.7 厘米，剖面呈凹弧形，最深处达 1.2 厘米。另 2 个磨面同处器身一侧，一个长 6.8 厘米，宽 5.5 厘米，最深处 0.4 厘米；另一个最大长 6.8 厘米，宽 4.5 厘米，最深处 0.4 厘米。

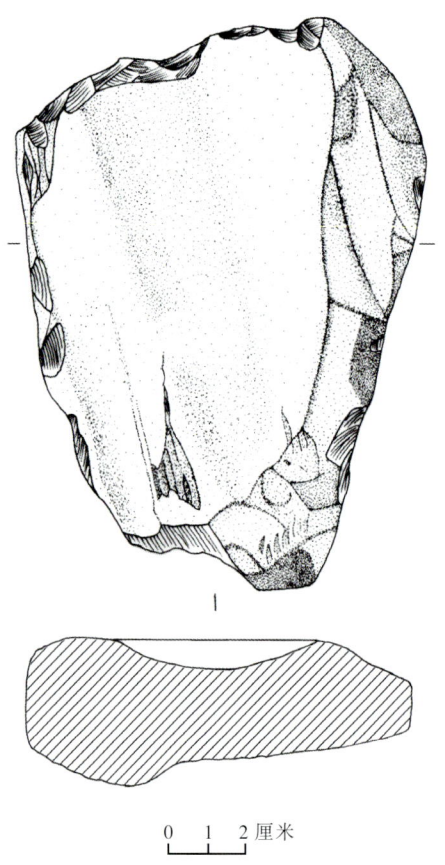

砺石 85PKT407⑤:3

新石器时代

长14.2、宽10.2、厚3.7厘米

　　原料为砂岩。平面略呈梯形。使用面为2个相邻的加工面,经过使用磨制均光滑。其中一个较大,长约10厘米,宽2～6厘米,平面呈三角形,剖面呈弧形,最深处0.8厘米;另一个位于左下方,长8.5厘米,最宽处2.8厘米,平面呈长条形,最深处0.2厘米。砺石一面较平坦,为自然节理面,此面平坦易于放置。

麻点状；另一面的中间部分有两处使用疤，疤痕浅，呈麻点状；侧面亦有一处麻点状浅小疤痕。

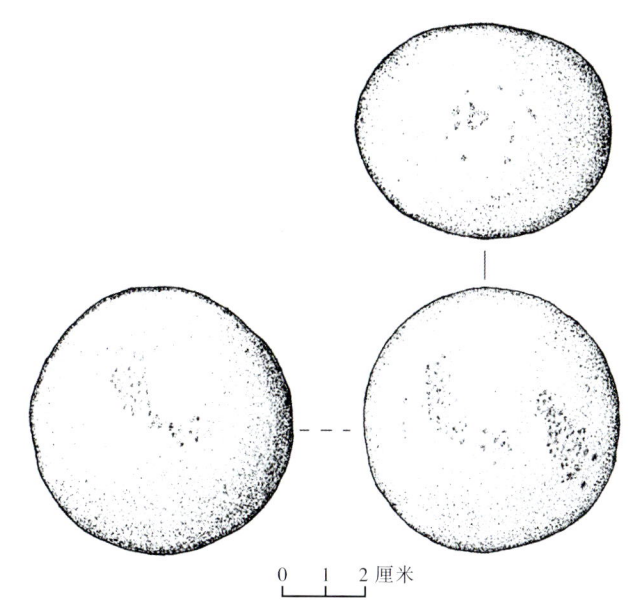

0　1　2 厘米

石球 85PK503 ⑥

新石器时代

长 6.3、宽 6.1、厚 4.7 厘米

　　原料为花岗岩。平面呈圆形，截面为椭圆形。一面有一处疤痕，疤痕浅，呈麻点状；另一面的中间部分有两处使用疤，疤痕浅，呈麻点状；侧面亦有一处麻点状浅小疤痕。

骨 器

骨器是指利用动物骨骼、牙和角经过加工制作而成的工具。骨器既用于野外狩猎和渔猎，又用于室内碾压食物和缝制衣物，在早期人类的生活中不可或缺。旧石器时代人类很早就学会利用动物骨骼制作简单的尖器作为挖掘、刺杀和投掷的工具，到了旧石器时代晚期（大约距今40000年），作为新技术——磨制技术的出现，在人类文化发展以及工具改革方面发挥着重要作用。骨质工具的应用，不仅改善了人类的生活方式，也大大提高了人类索取食物的效益和手段。磨制骨制品类型繁多，常见的有骨针、骨锥、骨铲、骨匕、骨镞、骨簪和骨质尖状器等。

磨制骨器技艺的成熟，对人类工具的改革有着深远影响，也是人类在开发、利用自然资源方面成功的范例，证明了人类在长期生存斗争中对动物骨骼的深刻认知和充分利用。磨制骨器的制作工艺比打制石器复杂得多，需要经过选料、劈裂砸击骨片、制作坯件、整形、初磨、精磨等几道工序，后来甚至发展到在工具表面上施以装饰和刻划。

平潭壳丘头遗址出土的属于骨质工具类有骨锥、骨针、骨凿、骨匕、骨镞和骨质尖状器6种；属于装饰类有骨簪和扣式饰品2种。壳丘头先民在制作骨制品的生产技能方面已经达到一定的水平。壳丘头遗址出土骨制品的多元化表明，先民更多地利用硬度尚可但富有弹性的骨质材料制作工具，以便弥补优质石质材料不足的缺陷。与石质工具相比，骨质工具的优越性表现在：富于弹性，轻巧，便于携带。壳丘头遗址的先民懂得根据自身的目的要求，精心选取哺乳动物不同部位的骨骼，用不同的方法打制骨坯，再进一步加工和磨制出不同器物。呈现的这种差异化也许与他们对骨器的功能、食物的需求、所处地理环境条件以及资源供给程度有密切关系。遗址出土的装饰品虽然不多，但也表明壳丘头先民在满足生活需要的同时，也有浓厚的审美观念和对艺术的梦寐追求。

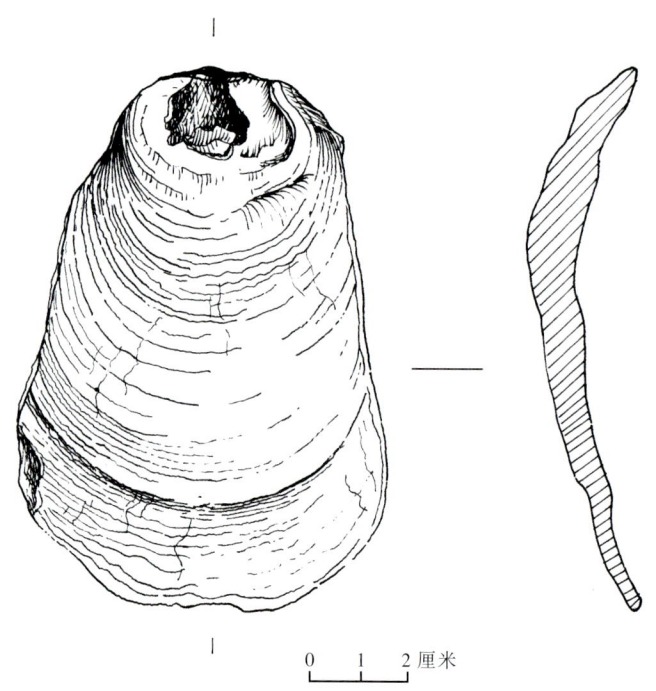

贝铲 85PKH14：1

新石器时代

长 10.5、宽 7.4 厘米

由牡蛎壳加工而成，贝壳边缘有使用造成的崩疤。

贝铲 85PKH502 ②
新石器时代

 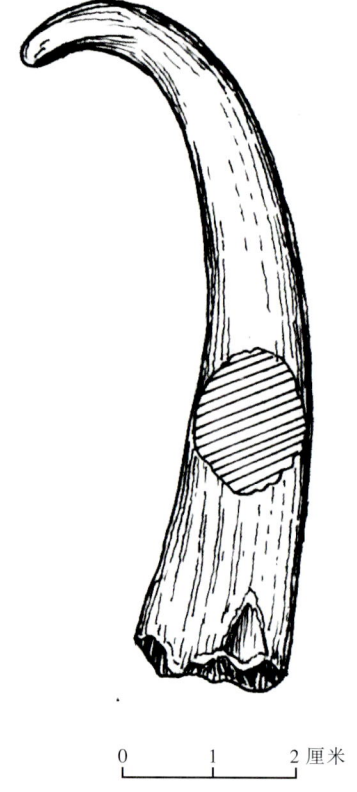

角锥 85PKH708⑤：2

新石器时代

利用赤麂右角制作而成。将麂角砍砸截断，再从角尖开始至角柄的弯侧和弓侧部分打磨，形成自然弯尖。

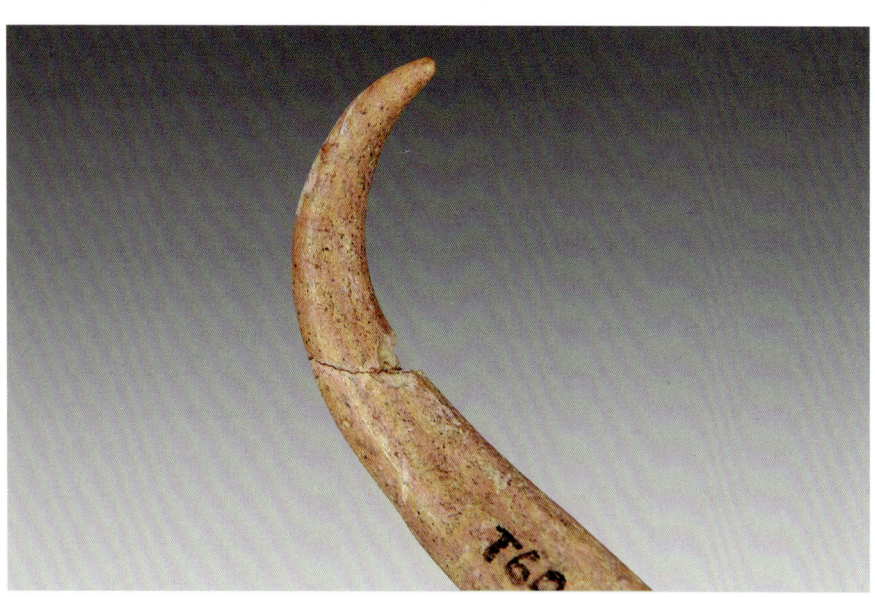

角锥 85PKH606 ⑤

新石器时代

利用麂角制作而成。将鹿角沿角环进行切削，切削断面齐整，有细细切割痕迹，可见当时骨器切割工艺成熟。角环上0.5厘米处有一周宽0.3厘米的凹槽，亦为人为加工。角尖开始至角柄的弯侧和弓侧少部分粗制打磨，形成自然弯尖。

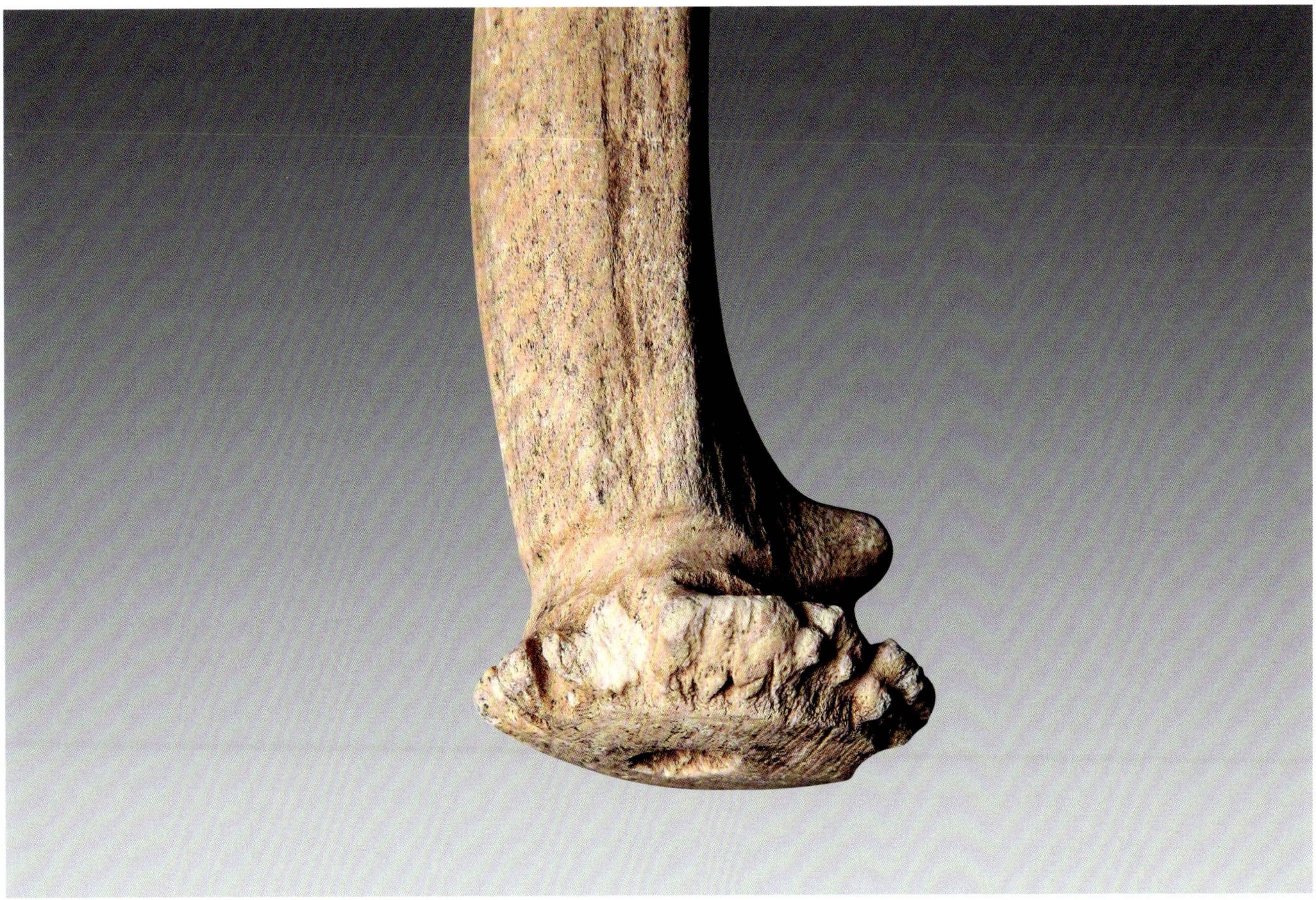

骨 器　37

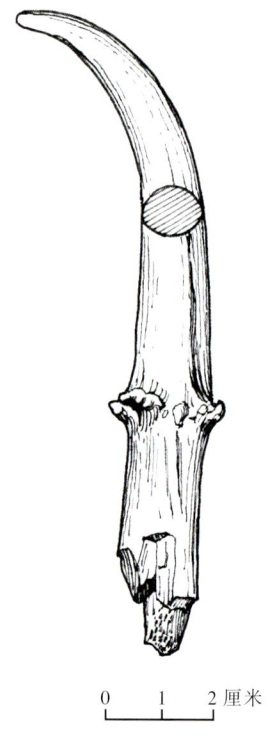

0 1 2 厘米

角锥 85PKH403 ⑤

新石器时代

利用赤鹿左角制作而成。先于角环下3厘米处进行切削，留下切削痕迹，再从角尖开始至角环处弯侧通体打磨，弓侧部分打磨，形成自然弯尖。

骨 器 39

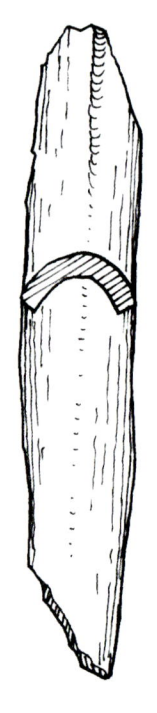

0　1　2 厘米

打击尖刃器 85PKH405 ④ A

新石器时代

打击尖刃器 85PKH405④

新石器时代

坯件为烧骨。

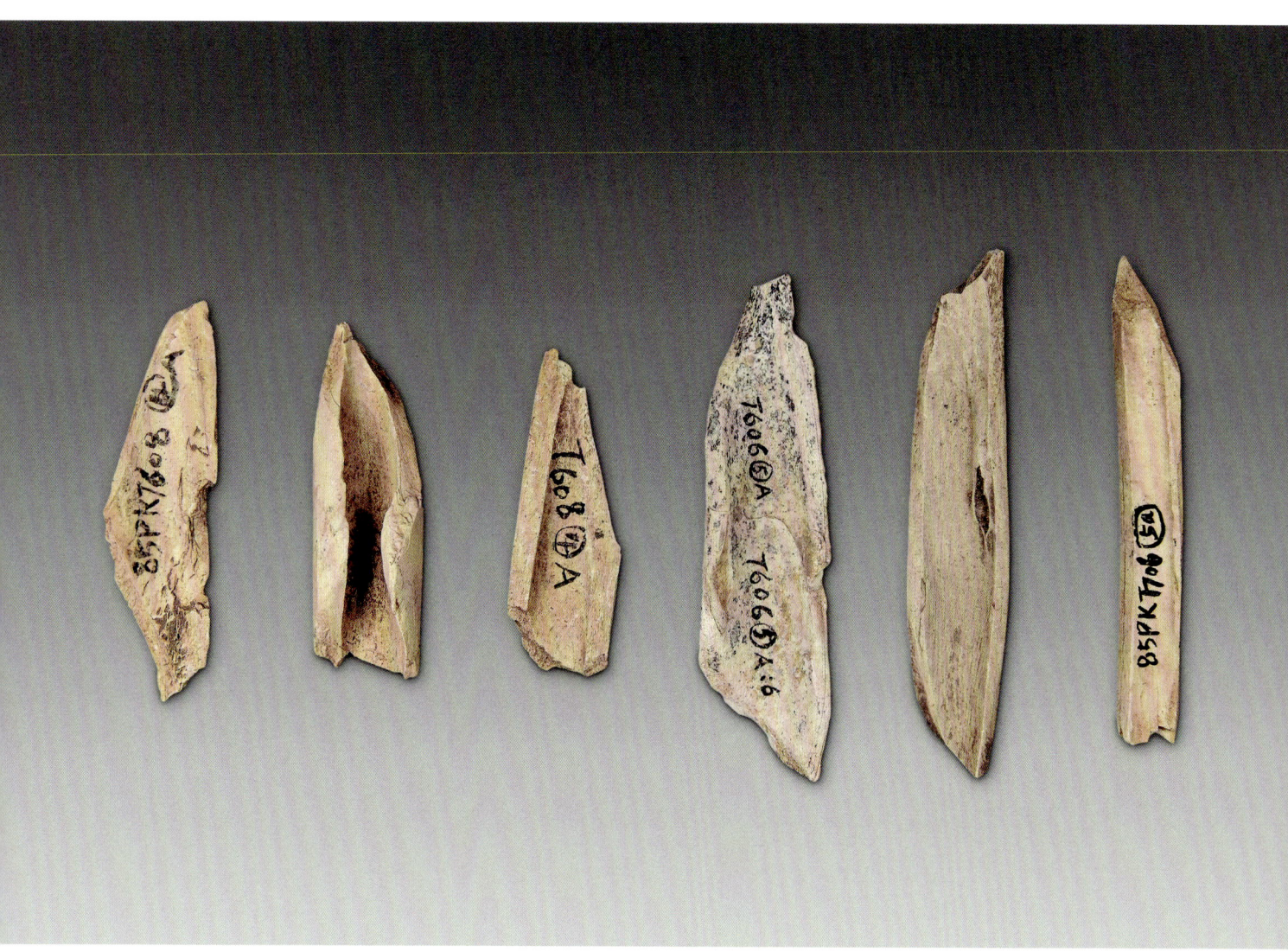

打击尖刃器

新石器时代

骨 器　43

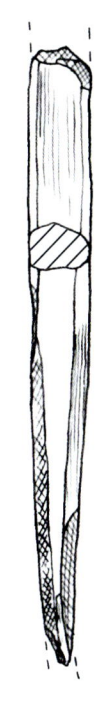

骨簪（残） 85PKM1：1
新石器时代
残长 9 厘米

　　由细长骨管制作而成，截面呈椭圆形，上、下两端均残断，一端较细一端较粗。器身较粗一端经过精细磨制。

骨簪 85PK608⑤：21

新石器时代

长 10、直径 0.6 厘米

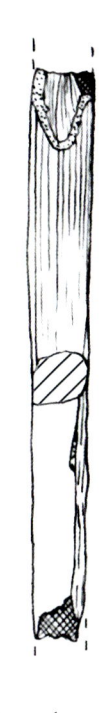
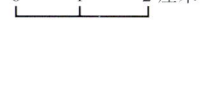

骨簪（残） 85PKM1：2
新石器时代
残长 8.2 厘米

由细长骨管制作而成，截面呈椭圆形，上、下两端均残断，一端略细。器身大部经过精细磨制。

46　平潭壳丘头遗址图录

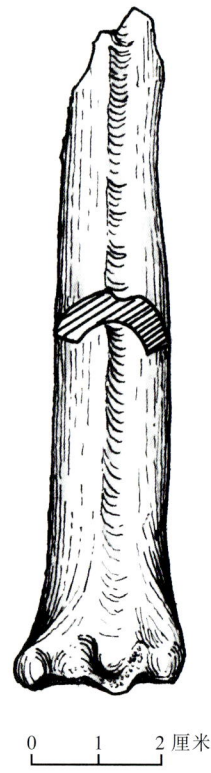

0　1　2 厘米

骨匕　85PKH702 ⑤：7

新石器时代

长 10、最宽处 2.6 厘米

将鹿胫骨近端砍断，劈成两半，随后将骨壁面磨平，骨腔保留原状，刃部由内往外斜磨成刃。总体加工粗糙，磨制不精。

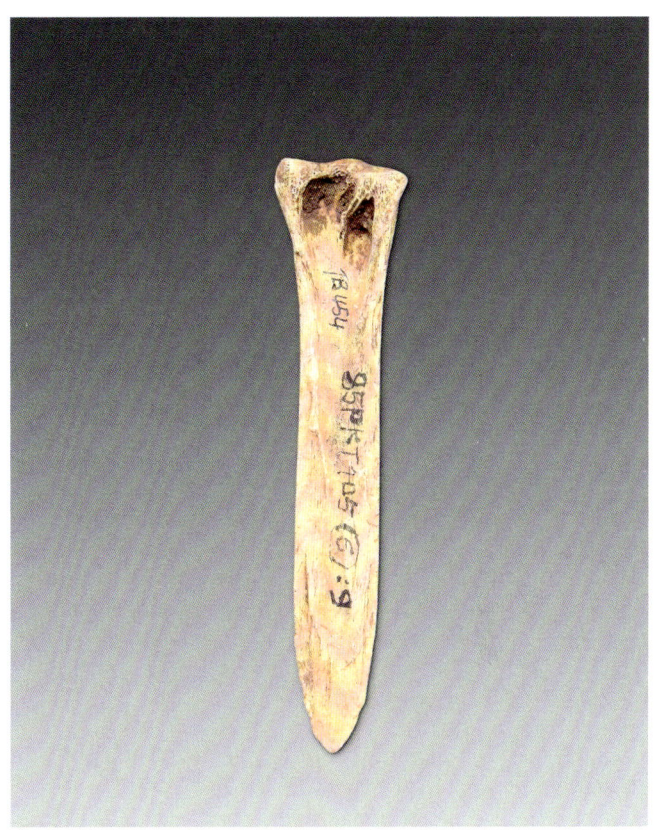

骨匕 85PKT405⑥∶9

新石器时代

长 11.5、宽 2.2 厘米

骨匕 85PKH22∶2

新石器时代

长 10.5、宽 1.5、厚 0.2 厘米

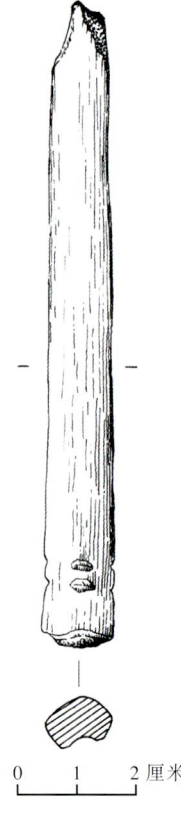

骨匕 04PKT503NE C层：14

新石器时代

长 10.6、最宽处 1.3 厘米

首先将肢骨远端劈成长条状厚骨片，再将骨壁和两个劈裂面精磨。坯件上端进行两面打制，形成骨匕的刃。坯件下端的三面各有上、下2道平行凹槽，凹槽长0.4~0.5厘米，宽0.2~0.3厘米，深0.5~0.8厘米，凹槽截面呈"V"形。

骨器　49

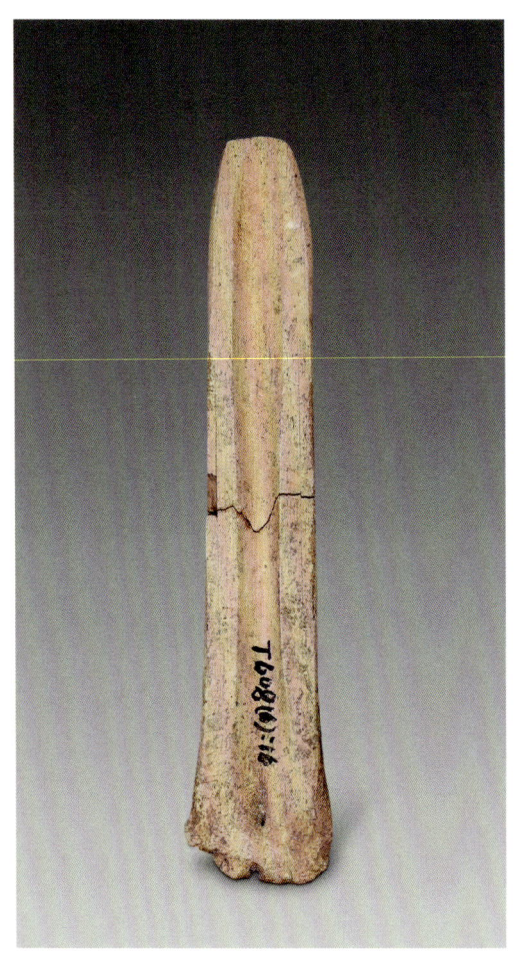

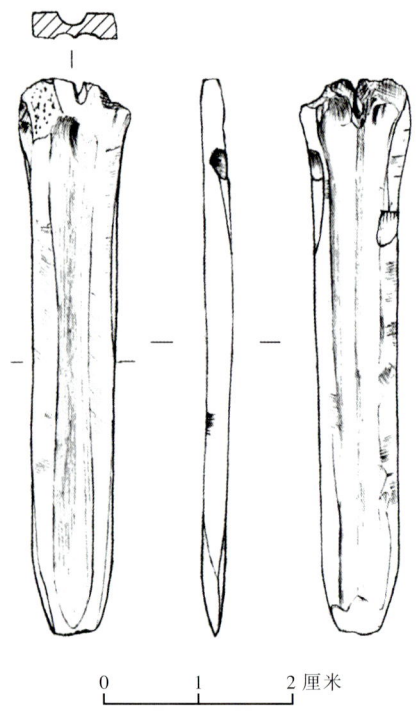

骨匕 85PKT608⑥：16

新石器时代

长11.5、宽2.4厘米

毛坯为鹿科的跖骨，先打制成薄骨片，再将毛坯一端、两面和两侧边进行磨制，通过磨制留下的痕迹可见磨制方向为横向或斜向。刃缘扁平呈舌状。器身侧缘有3处刻痕。该件器形规整，制作较为精良。

骨匕 85PKH706 ⑤ A

新石器时代

骨匕（残） 85PKH19：1

新石器时代

骨匕

新石器时代

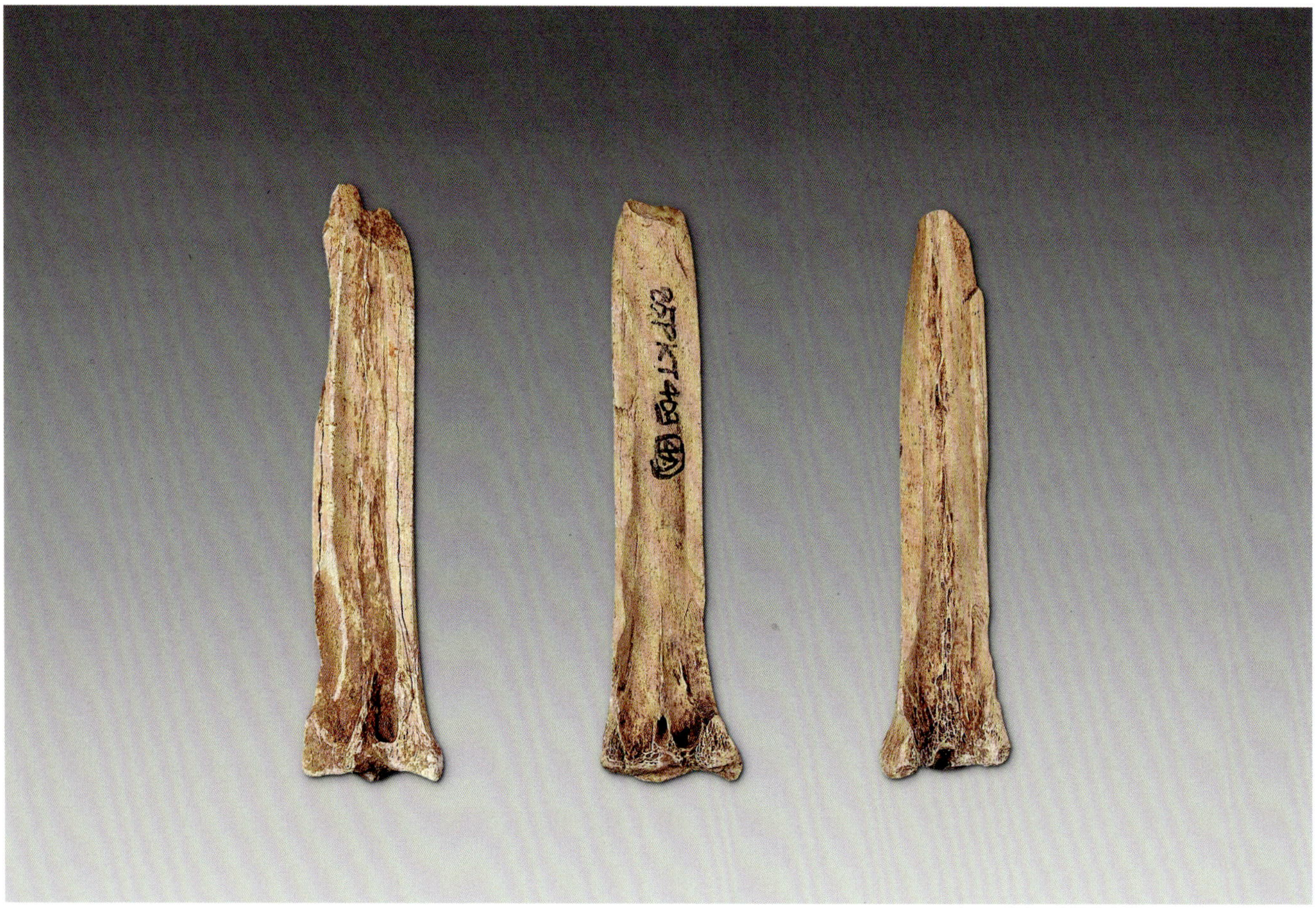

骨匕（坯件）
新石器时代

骨匕（坯件）

新石器时代

骨 器 55

片一端经过打制，形成锥尖，并经过粗磨。

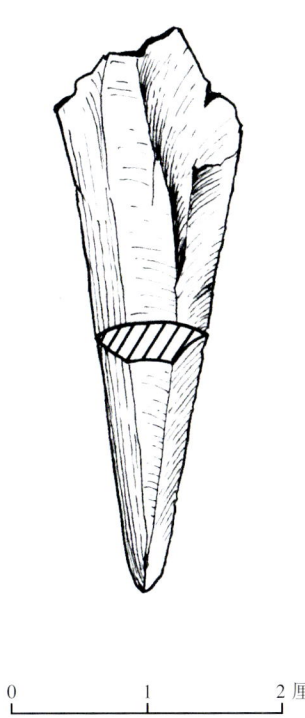

骨锥（残） PK503NE C 层：10

新石器时代

残长 3.8 厘米

利用鹿类小骨片制作而成。小骨片一端经过打制，形成锥尖，并经过粗磨。

56　平潭壳丘头遗址图录

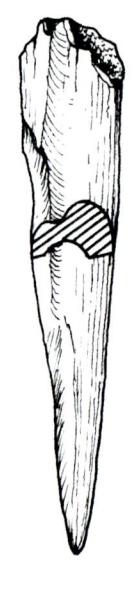

骨锥（残） PK503NE C层：11

新石器时代

长 7.9 厘米

骨 器 57

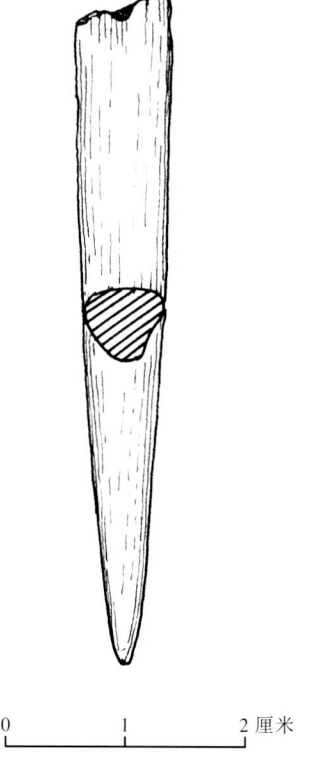

骨锥（残） PK503NE D层：15

新石器时代

残长 5.6 厘米

鹿类胫骨片加工而成，先将胫骨片打成条状，再将其一端精磨形成尖状，另一端粗磨。

骨锥（残） 85PKH19：2

新石器时代

骨锥（残） 85PKH2

新石器时代

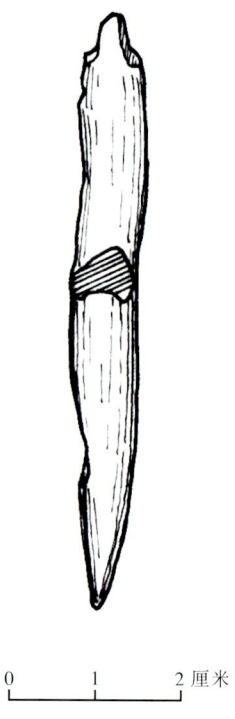

0 1 2 厘米

骨锥（残） 85PKT305 ⑤：5

新石器时代

残长 6.4 厘米

鹿类胫骨片加工而成，利用胫骨小残片，将其一端精磨形成尖状，锥体未磨。器身一面暴露打片时的疤痕。

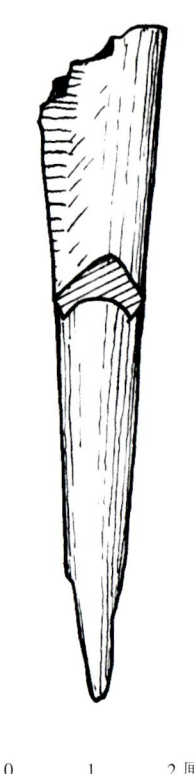

骨锥（残） 85PKT305⑤：15

新石器时代

残长 7.7 厘米

鹿类胫骨片加工而成，利用胫骨远端残片，先将远端修细，再磨制成尖刃。其余部分未磨。

骨锥（残） 85PKH19：3，85PKH19：4

新石器时代

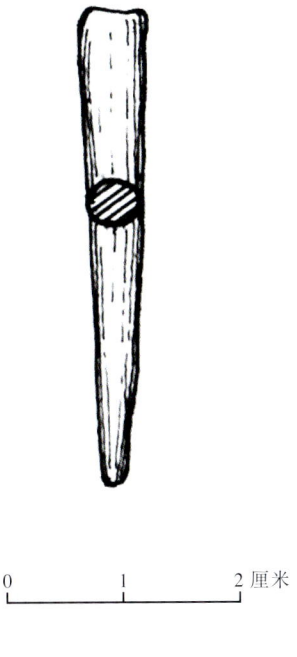

骨针（残） 85PKT608⑤∶13

新石器时代

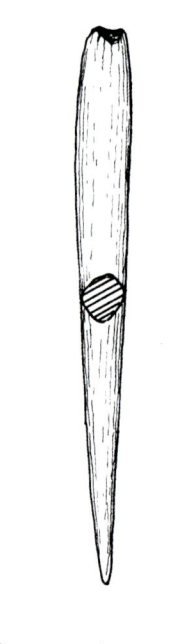

0   1   2 厘米

骨针（残） PK503NE C 层：8

新石器时代

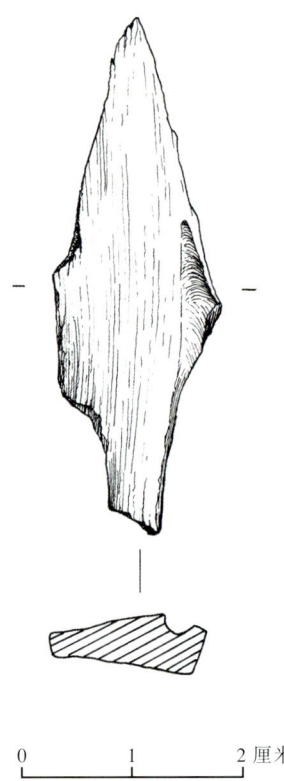

骨镞（残） PKT503SE C 层：9

新石器时代

残长 5.3、宽 1.7 厘米

　　表面呈棕褐色，断面呈曲尺形，利用动物管状肢骨片磨制，近端先打后磨，形成铤部，远端浅磨细为锋尖，通体磨制不精细。

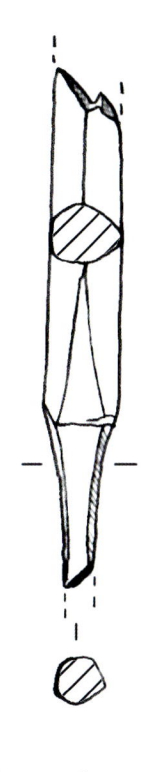

骨镞（残） 85PKT608⑥：15
新石器时代

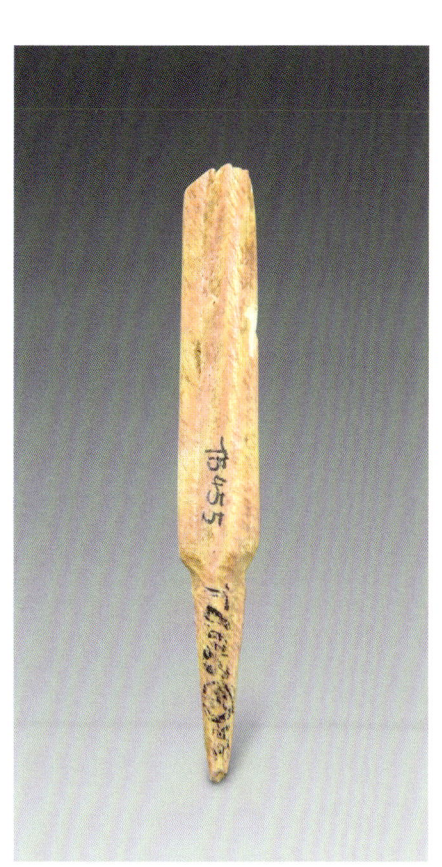

骨镞 85PKT608⑤：12
新石器时代
残长 4.5 厘米

70　平潭壳丘头遗址图录

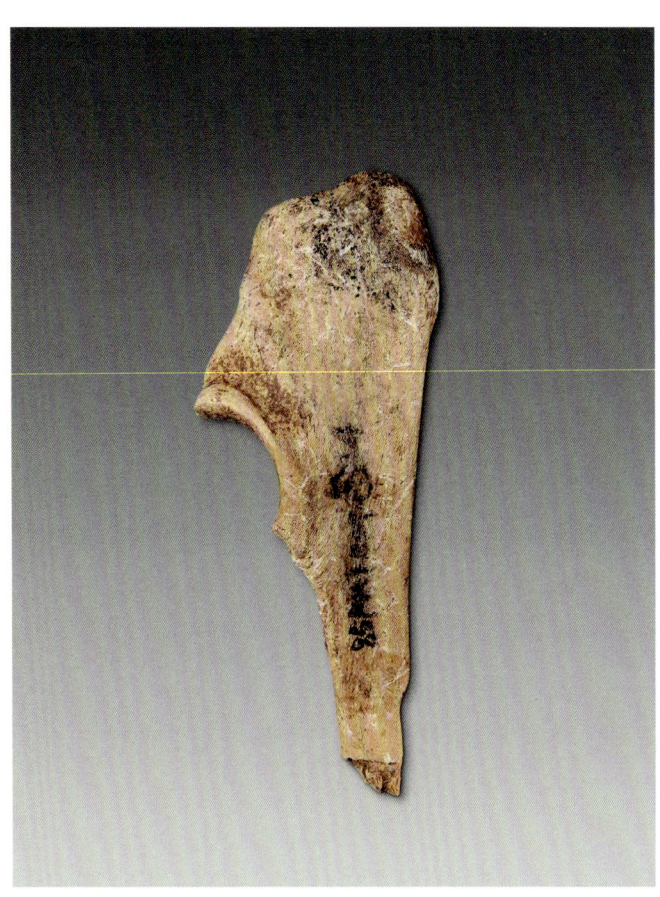

骨凿 85PKT404⑤：4
新石器时代

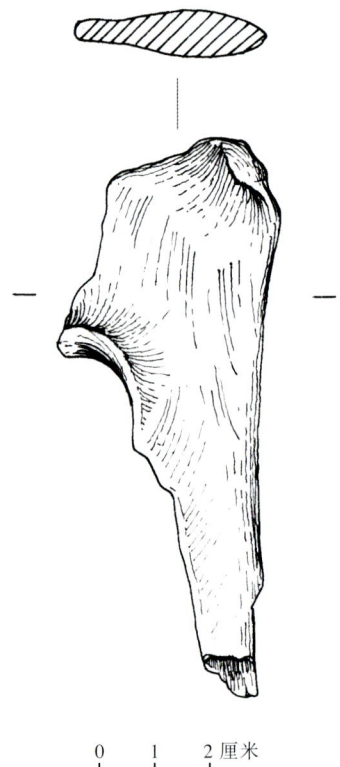

0　1　2厘米

骨凿

新石器时代

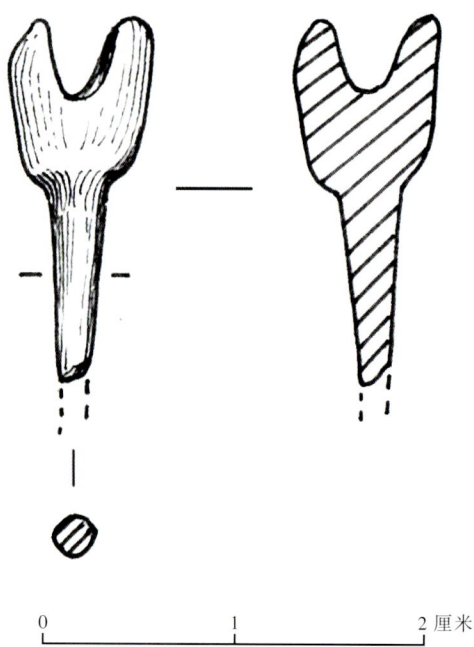

扣叉状饰品 PK503SE C 层：6

新石器时代

长 1.7、宽 0.7 厘米

表面呈褐色，叉端大，另一端细，通体磨制精细。

骨器　73

陶 器

陶器是人类文化进入新石器时代的重要标志之一。陶器制作最早出现的时间为大约距今10000年前。制陶业的兴起使人类的定居更加完善,蒸煮、盛物、存水等需要使用不同类型的陶器,既方便生活又促进生产力发展。如果说旧石器时代人类学会用火改变自身的生存方式,那么制陶业的出现就使人类完全掌握了火的各种功能,极大地提高开发自然资源和创造新物质的能力。

　　早期的制陶业还很原始,器物单调,质地疏松,缺少装饰;距今7000年前陶业水平有了进步,普遍采用泥片贴塑法、捏塑法和泥条盘筑法,烧温提高,但装饰依然简单;距今5000年前以后,快轮制陶技术迅速普及。我国北方普遍采用红色黏土制作陶器,而南方则以高铝质黏土制作陶器。

　　壳丘头遗址出土的完整陶器和可修复的陶器很少,多残片出现,以夹砂陶为主,占总量的90%,泥质陶次之。器表色泽以灰色为主色,次为黑、灰黄、红、褐等色,纯红色较少。由于火候不高,陶胎大多呈灰黑色或灰色,夹砂陶胎呈现片状节理,质地比较松脆,陶胎中又羼和贝壳碎屑。泥质陶陶土经过淘洗,胎一般都很致密,器表颜色以灰、黑色为主色;制法以手制为主,以泥条盘筑法盘筑后再把器身与口沿粘连,粘接的颈部用工具按压加固,因选用载体不同,颈部留下不同按压工具痕迹,如小木棒、贝壳等。口沿经慢轮修整,残留的轮旋痕迹明显。而泥质陶制作及修整更为精细,甚至可见粗磨光和全器慢轮修整。器物制成后在表面装饰各种纹饰,常见的有压印、刻划、戳印、镂孔、拍印,极少数外表施红色陶衣。口沿唇面压印短斜线或花口是一类常见的装饰手法。压印纹是利用贝壳,主要是泥蚶的边缘在陶器表面直接压印而成,一般成组装饰在器物表面,有少量的指甲压印纹;刻划基本上只见条纹,或交错成网格状或平行,装饰在口沿的外表;戳印纹是各种点纹,一般成排、连续分布,戳印形状有卵点形、长方形、圆形三角形或不规则形;镂孔有三角形、圆形、长条形等;拍印纹是所谓的麻点纹。这些纹饰主要装饰在夹砂陶的表面,泥质陶主要为素面,纹饰集中在足部,以镂孔、戳点为主。除以上装饰外,有的口沿则成尖角状的花瓣形,为较特殊的一种。器物内壁凹凸不平或有明显的凹窝,而有的器物内壁或底部残留有茎叶的印痕,一方面是在制作、修整陶器时留下的,另一方面是在器物表面进行各种装饰时留下的。

　　壳丘头遗址出土的陶器以圜底器和圈足器为主流器形,少量器物有双耳或单鋬,平底器罕见,各种形态的支座多见。釜、罐、豆、盘、碗、壶是主要的器形,特别是大陶釜,器表灰色或红色,体型大,敞口或侈品,鼓腹,口沿外刻划平行条纹,腹最大径在中部,器身压印贝齿纹或麻点纹,是壳丘头文化代表性器物之一。上述特征表明,壳丘头文化的陶器火候不高、器形器类简单、装饰较单调,工艺水平还较原始。

　　本部分依次介绍壳丘头文化代表性的日用陶器、陶质工具和一些典型的纹饰。

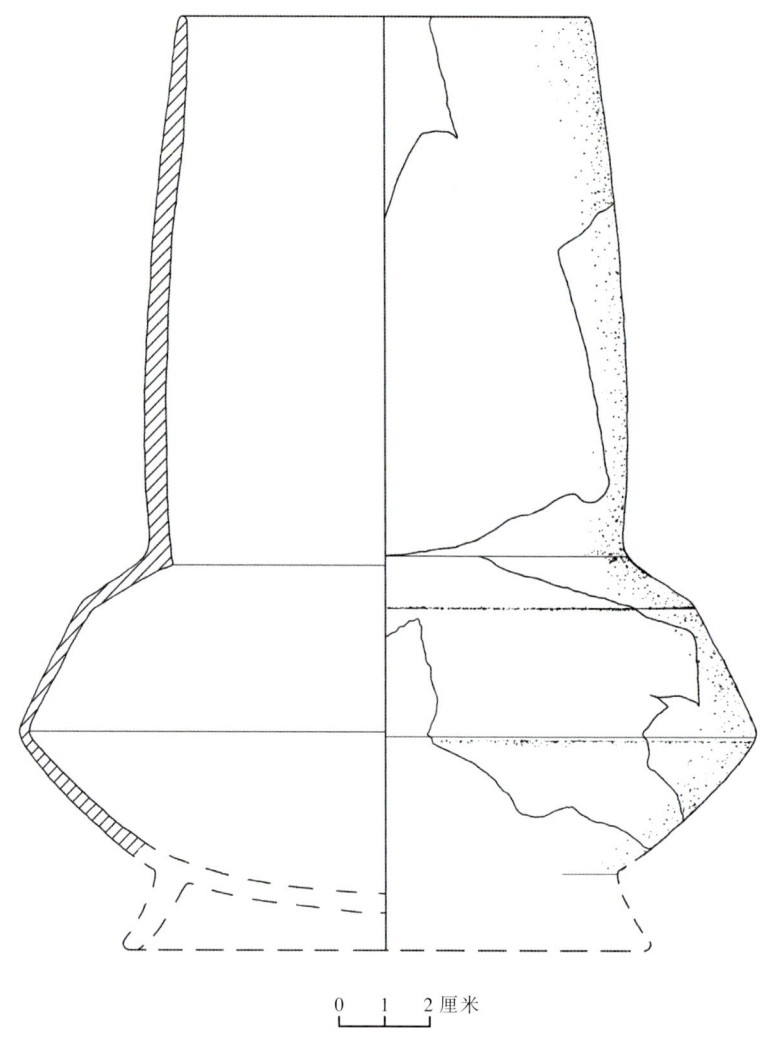

壶 85PKT609⑤

新石器时代

口径 9.3、残高 17.4 厘米

泥质黑陶，胎灰黑色，细腻而薄。内外皆灰黑色，表面经打磨光滑，器表可见多处打磨细痕。直口微敛，圆唇，长颈，折肩，折腹，足部残缺，应为矮圈足。

陶　器　77

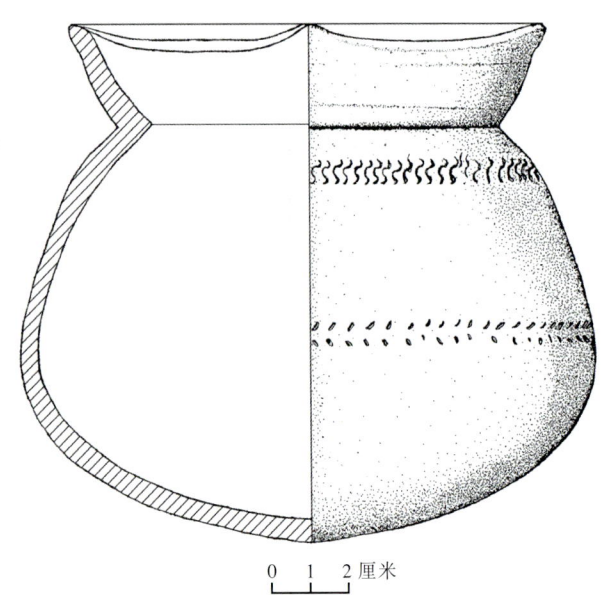

0 1 2 厘米

罐 85PKT609④A：11

新石器时代

口径 12.4、高 12.9 厘米

胎灰黑色，夹粗砂，较疏松，胎质较硬。敞口圆唇，束颈，鼓腹，圜底，腹最大径在中部以下。口沿成花瓣状，共 4 瓣，四角较尖圆。肩部压印 1 排贝齿纹整齐而规则，腹中部戳印扁圆形或长条形的点纹，共两排，方向相反。外壁灰色，内壁灰黄色。

陶 器 79

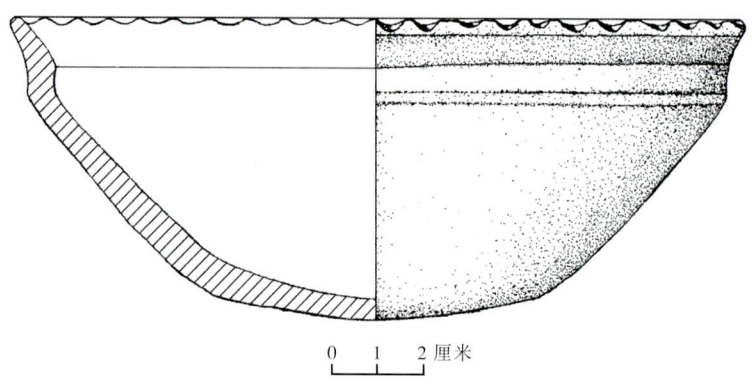

碗 T403⑤:57

新石器时代

口径 15.6、高 6.2 厘米

　　泥质胎致密,质地较硬。口微敞,圆唇,口沿稍下方略内收后,硬折斜向下至底,圜底近平。唇面压成锯齿状,制作规整。外壁呈黑色与红黄色,陶色过度自然,应是火候原因,表面抹光。口沿处有慢轮修整的痕迹,素面,内壁为浅黄色,平滑。

陶 器　81

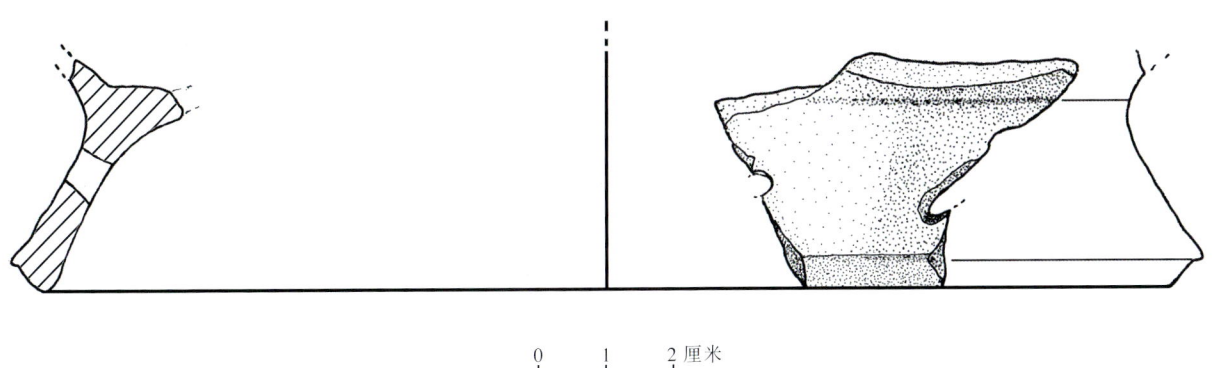

0　1　2 厘米

镂孔圈足　85PKT608⑥∶7

新石器时代

底径 17.6、残高 3.3 厘米

　　泥质磨光黑陶，胎黑色，致密，胎厚 0.5 厘米。足外壁斜直，至足缘折而内收，外壁有圆形和长条形镂孔。

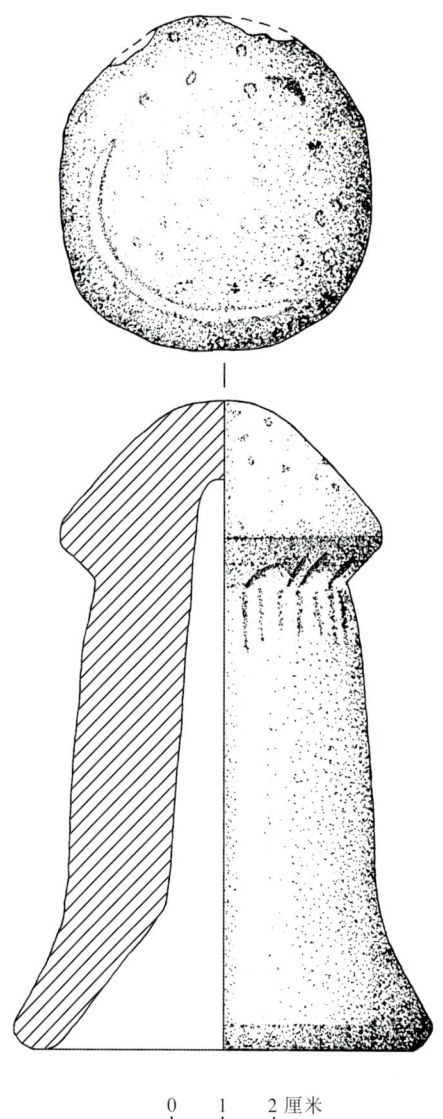

支座 85PKT605⑤

新石器时代

底径 7.6、高 12.2 厘米

　　夹粗砂灰黄陶，胎红色，陶质较坚硬。"祖"形，器身呈圆柱状，中空不通顶。顶腹间分界，有明显手制压印痕迹。腹部上部周身饰短而直的压印线段，顶部凸起，依稀可见麻点纹。喇叭形足，足弓部分较浅。

陶 器　83

支座 85PKT704⑤：1

新石器时代

底径 8.2、高 12.1 厘米

夹粗砂灰黄陶，胎红色，陶质坚硬。器身圆柱状实心，顶头初具蘑菇状。喇叭形足，足弓部分较浅。周身通饰戳印点线交叉图案。

支座 85PKH8：2

新石器时代

高 13 厘米

夹粗砂灰黄陶，胎红色，陶质坚硬。顶身之间有明显界线，中空不通顶。周身刻划平行三线交叉而成的菱纹格。

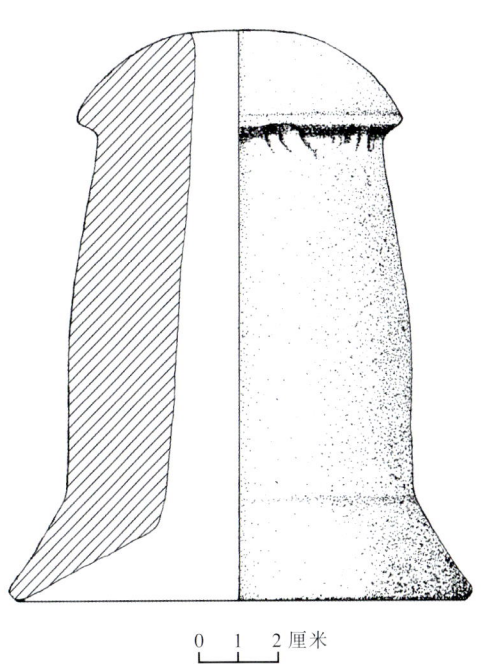

支座 85PKT604②∶1

新石器时代

底径 12.1、高 13.6 厘米

夹粗砂灰黄陶，胎呈红色，疏松，片状，质地较坚硬。"祖"形，中空通顶，顶腹间分界，呈圆弧形，有明显的手制压印痕迹。器身呈微隆起的圆柱状，喇叭形足。

 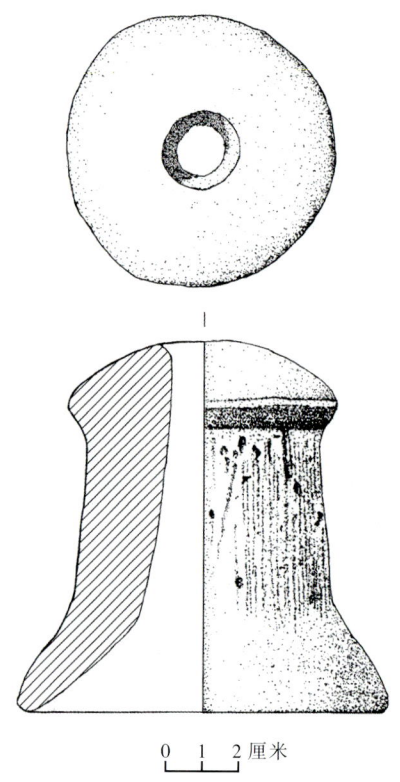

支座 85PKT501②：1

新石器时代
底径9.6、高9.8厘米

夹粗砂红陶，质地较硬。"祖"形，顶腹间内收形成界限，有浅浅的手制压印痕迹。器身呈圆柱状，中空通顶。顶部呈圆弧形，喇叭形足。周身饰竖线纹和不规则戳点纹。

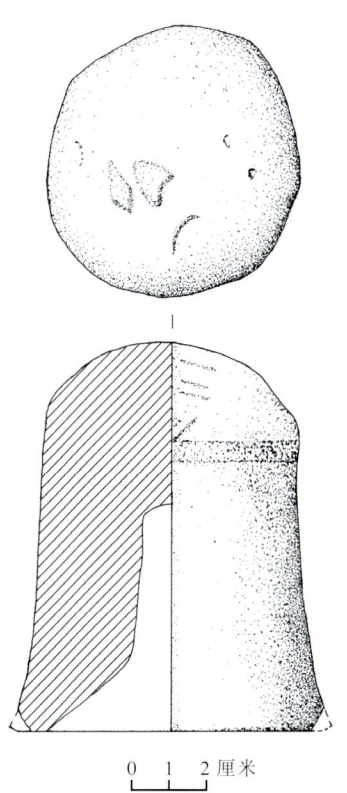

支座 85PKT407⑤：4
新石器时代
底径 7.3、高 9.8 厘米

夹粗砂红陶，胎疏松，质地较硬。器身圆柱状，中空不通顶。顶呈圆弧状，与器身不分界。顶面局部有平行且短的线段。足部微喇叭状，底微残。

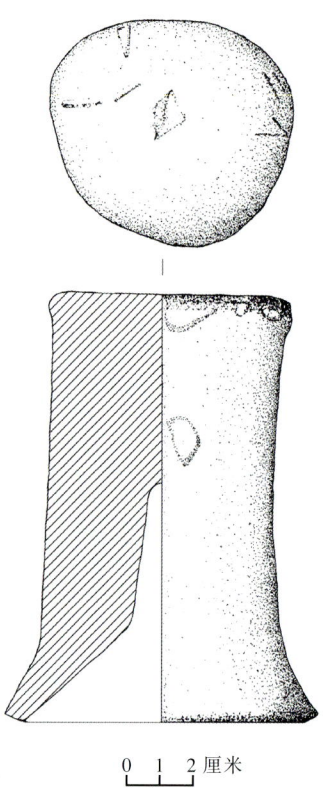

支座 85PKT403⑤

新石器时代

底径 8.2、高 12.2 厘米

夹粗砂灰黄陶，胎红色，质地较坚硬。圆柱形，顶平且略向外突。器身直壁，中空不通顶，喇叭形足，足弓部分较浅。

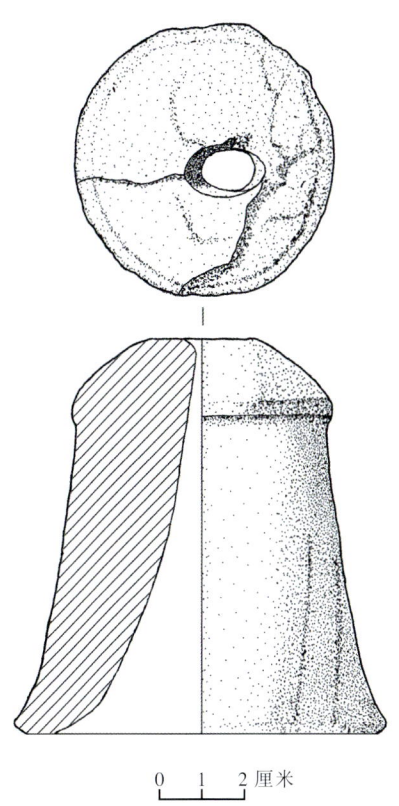

支座 85PKT503⑥:11
新石器时代
底径 8.2、高 8.8 厘米

夹粗砂灰白色,胎红而疏松。"祖"形,顶部较平,底呈喇叭形。中空透顶,孔呈椭圆形,直径 1.25 厘米。顶部与器身以一周凸棱为分界。

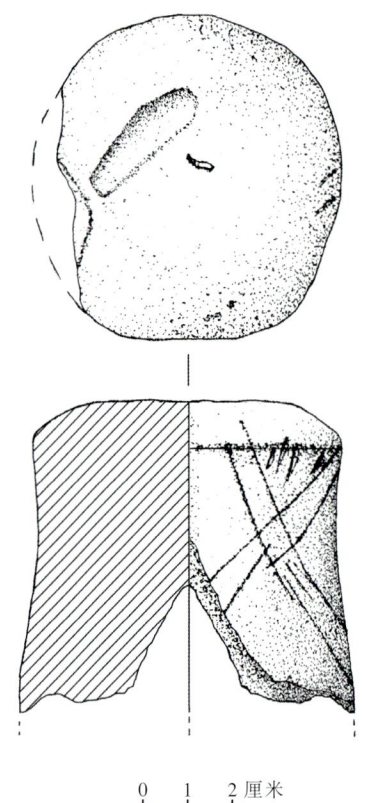

0　1　2 厘米

支座 85PKT506⑤

新石器时代

残高 6.7 厘米

夹粗砂红陶，胎质疏松，较坚硬。器身残，存顶和腹，圆柱形。顶部平，略成弧形，与腹部连接处微微外凸，局部刻有 4 道平行短线。器身一周较随意刻划平行双线交叉细线。

陶 器 91

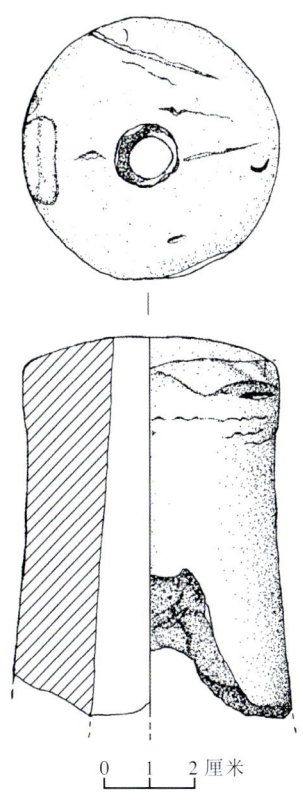

支座 85PKT403 ④ A

新石器时代
顶径 5.6、残高 8 厘米

夹粗砂红陶，胎红色呈片状结构，疏松。下部残，顶部平，略弧，器身中部略收缩，下部逐渐变宽。中空透顶，上小下大。支座上方和顶部残留有模糊的贝齿纹饰。

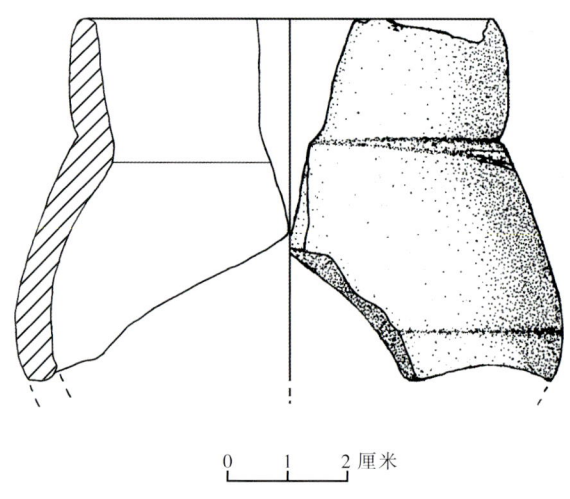

壶 85PKT405⑤:3

新石器时代

口径6.8、残高5.8厘米

泥质黑陶，胎黑色，致密，质地较坚硬。直口，圆唇，束颈，鼓腹，腹最大径在中部，腹中部以下残缺。素面，器内外皆黑色，外壁光滑有磨光痕迹，内壁有凹窝痕迹。

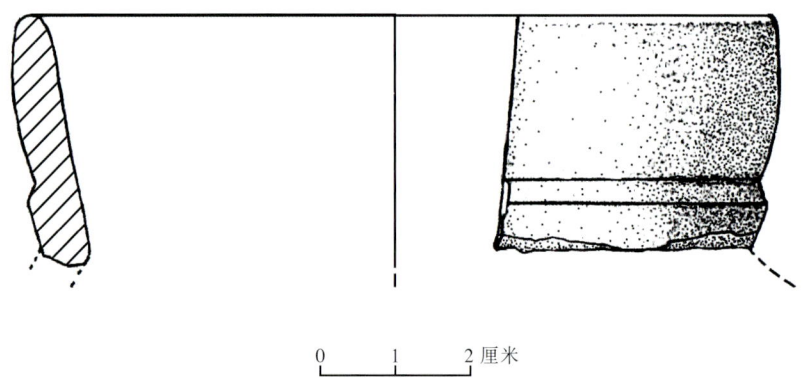

壶（口沿） 85PKT606⑤

新石器时代

口径10、残高3.2厘米

表面灰黑，内为橙色，胎为橙色较粗糙，可见较小砂粒。直口稍弧，圆唇，近颈部装饰1周宽带状的凸棱。颈以下残缺。

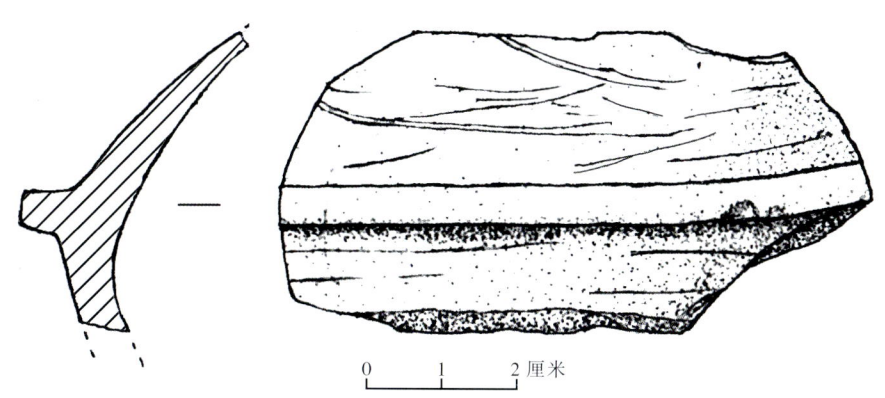

壶（腹片） 85PKT403⑤

新石器时代

泥质黑陶，胎细腻。腹部有一周凸棱，宽0.5～0.7厘米，厚0.5厘米。凸棱之上腹部薄，下部较厚。外壁可见打磨时留下的条纹痕迹。内壁灰色凹凸不平。

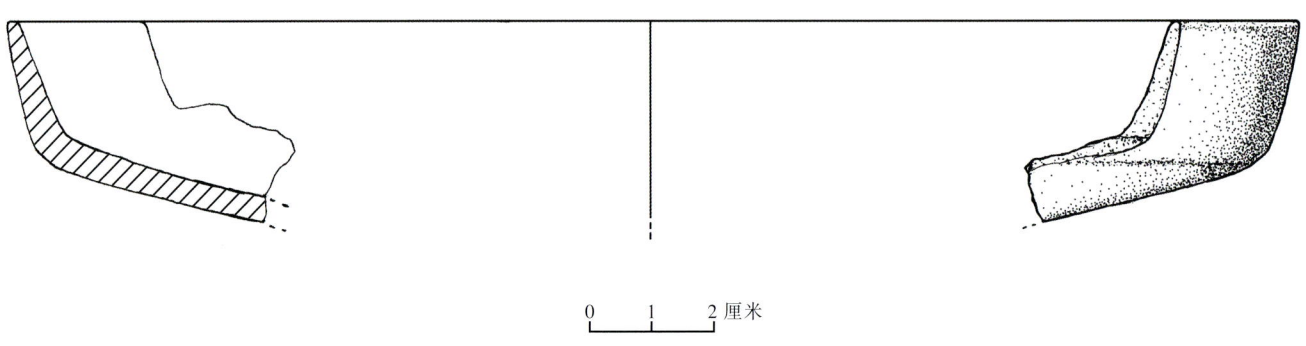

豆盘 85PKT305⑤

新石器时代

口径 21、残高 3.1 厘米

泥质，胎黑色细腻，外表灰褐色，较粗糙，内壁黑色，经过慢轮修整并打磨光滑。豆盘口微敞，圆唇，折腹，腹部较平，豆盘较浅。

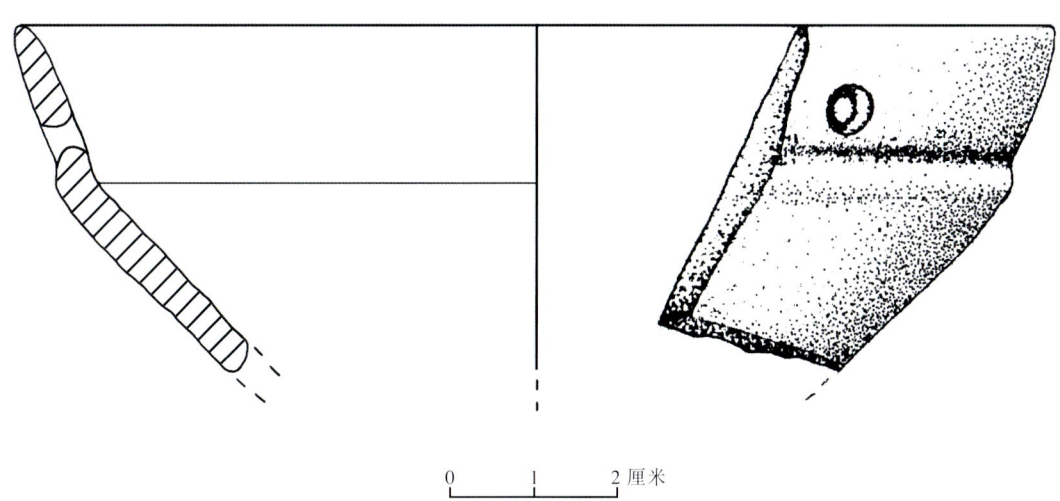

豆盘（口沿） 85PKT608⑤：2

新石器时代
口径 12.4、残高 4 厘米

夹砂红陶，胎较致密，坚硬。敞口，尖圆唇，腹部有 1 条凸棱，凸棱上有穿孔，因烧造过程中火候不均，使腹下部呈黑色，经过抹光。

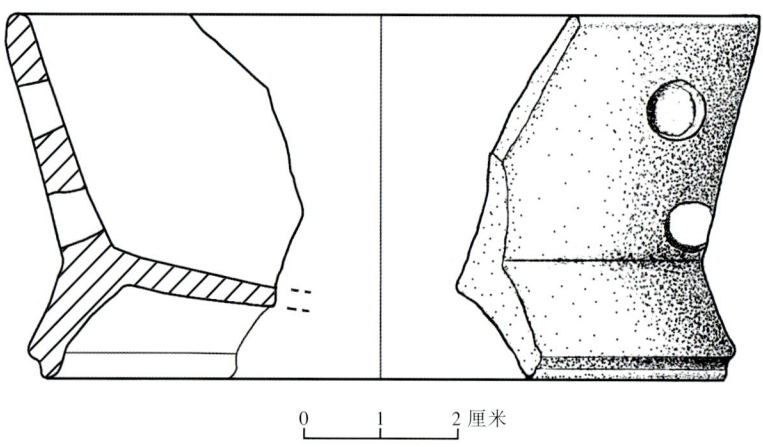

盘 85PKT403 ⑤：56

新石器时代

口径 9.7、底径 8.8、高 4.5 厘米

　　胎质地细腻，泥质。敞口，圆唇，斜腹，矮圈足，口径稍大。盘腹部镂孔两个，大小相同，单面穿孔而成。盘内底宽大，较平。足缘刮削 1 周而内收。轮制，器表红黄色，内壁深灰黑色，素面。

盘 85PKT403 ⑥

新石器时代

口径 12.2、残高 3.4 厘米

胎灰黑色，细腻，表面黑色与褐色相间。可见轮制痕迹。口沿残，圈足外斜，足缘刮削 1 周而内收，斜腹，残存 2 个镂孔，1 个已残，相距 0.8 厘米，双面钻形成。

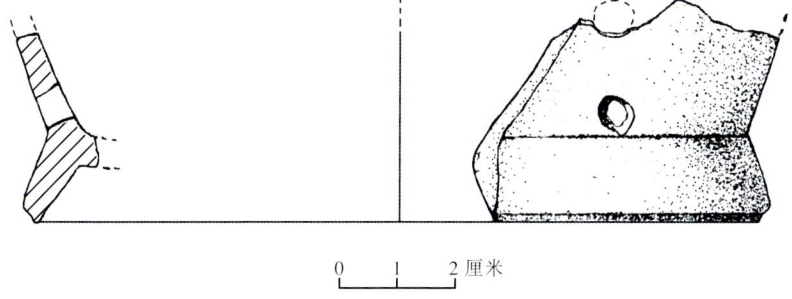

0　1　2 厘米

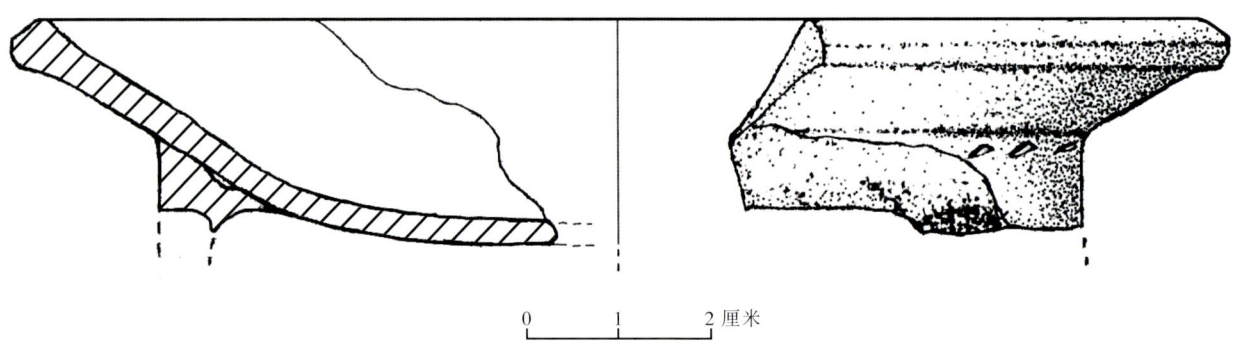

盘 85PKT403⑤:43

新石器时代

口径 13.2、残高 2.3 厘米

　　泥质黑陶，外表光滑，胎黑色、细腻。敞口，方唇，斜腹，内底较平，内壁腹中部稍凸起。圈足残留小部分，可见是与盘体分开制成后黏合。圈足与盘体相连处残有 3 个斜向戳印而成的长条形小孔。

盘 85PKT403⑤

新石器时代
底径13.7、残高4厘米

泥质黑陶，胎黑色，细腻。圈足略外撇，足缘则斜收向内，足唇圆。上半部残存部分弧腹，内底深凹。圈足与腹部连接处有1个近圆形的镂孔，孔径约1.3厘米。外表黑色，有慢轮修整的痕迹且光滑。内壁灰黄色，较之外壁略粗糙。

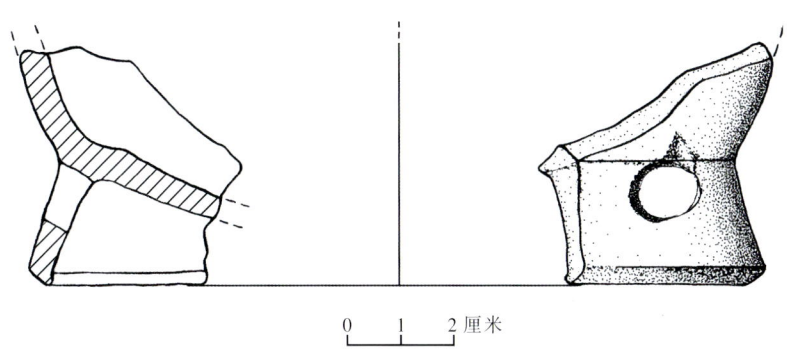

盘 85PKT403⑤：11
新石器时代
口径12、高4.7厘米

陶 器 101

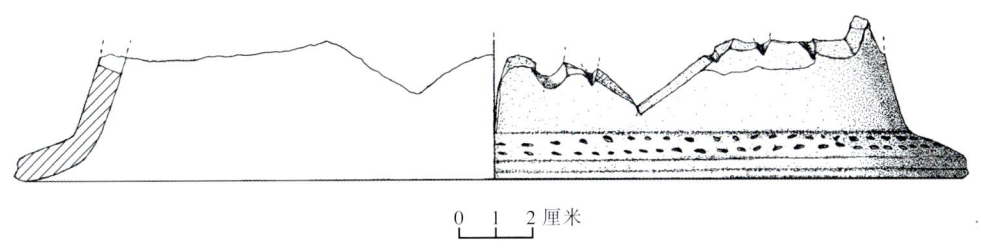

豆柄（底部） 85PKT404⑤：1

新石器时代
底径 25.6、残高 4 厘米

泥质黑陶，表面经磨光，可见慢轮修整的弦纹。胎有两色，内为灰色，外为灰黑色，界限明显。残存部分足部较宽，足缘加工仔细，足底外撇，足面戳印 2 排卵圆形小孔，未穿透，每个戳印方向统一，大小相近，柄部残存两个镂孔之间有 6 个三角形的镂孔，从器外向内戳出三角形镂孔，间距 1.5 厘米。

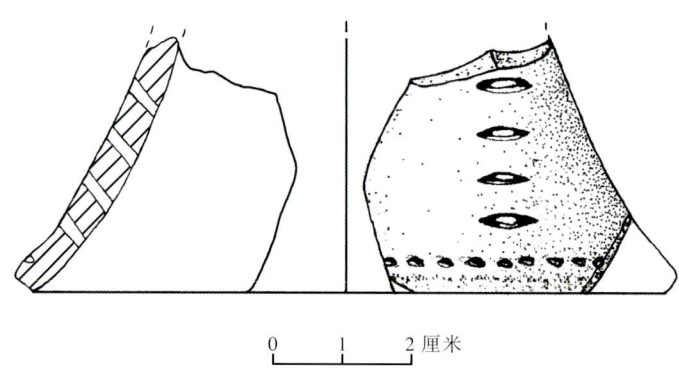

豆柄 85PKT606 ⑤ A

新石器时代

底径 9.1、残高 3.6 厘米

泥质，胎黑色细腻。豆柄呈喇叭形，方圆唇，斜壁，上部残。足缘上方戳印 1 排卵点形的纹饰，中部是米粒形的镂孔，由外单面钻成。内外皆灰色，光滑。

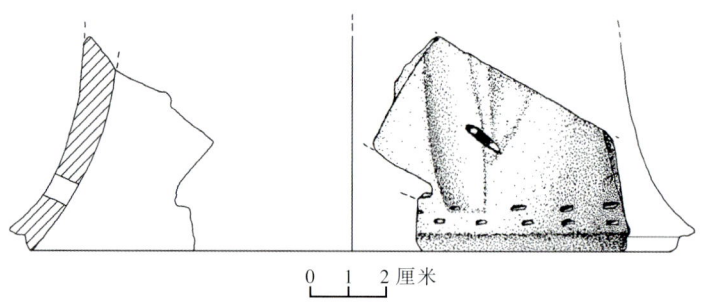

豆柄 85PKT606 ⑤

新石器时代

底径 17.8、残高 5.3 厘米

泥质，胎灰黄略偏红，致密，质地较坚硬，呈色不一，灰色或黄色。足底向外撇，越向上越直，足缘刮削一周而内收，足缘圆滑。外壁足底有 2 排长方形成椭圆形的戳印纹，之上是 1 个米粒形的镂孔，单面从外至内钻成，它的左下方是 1 个长方形的镂孔，残存小部分，镂孔面光滑而平整。石上方是 1 个长约 4.7 厘米的断面，与下方的镂孔断面一样光滑而平整，似乎是 1 个更大的镂孔。外表不平，有凹坑。

陶 器 103

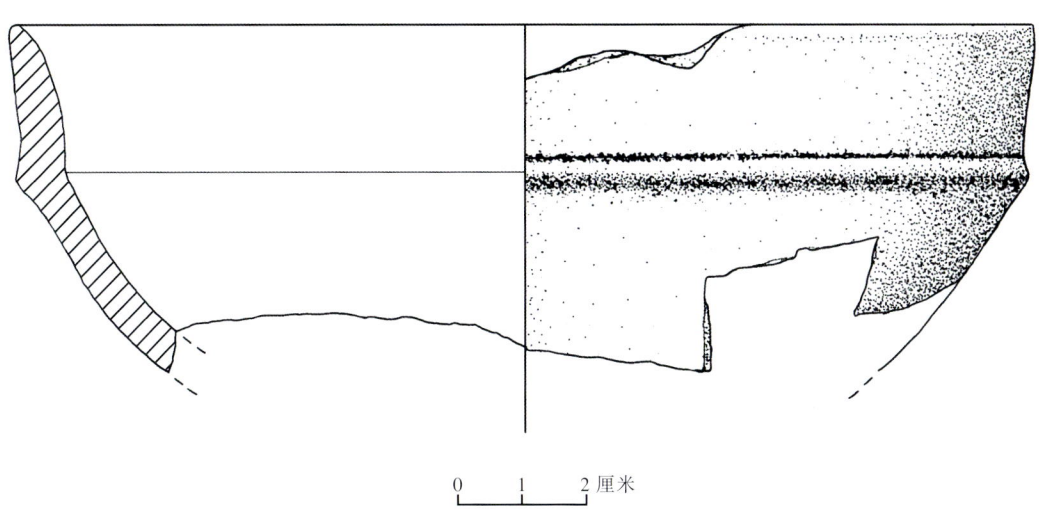

碗 85PKT605⑤

新石器时代

口径16、残高5.2厘米

胎灰黑色，夹粗砂和贝壳碎屑，疏松，质地较软。外表呈色不均，黑色或褐色，内壁黑色，表面粗糙露出砂粒，素面。直口，圆唇，弧腹，底残。口沿下方，腹部上方有凸棱1道。

104　平潭壳丘头遗址图录

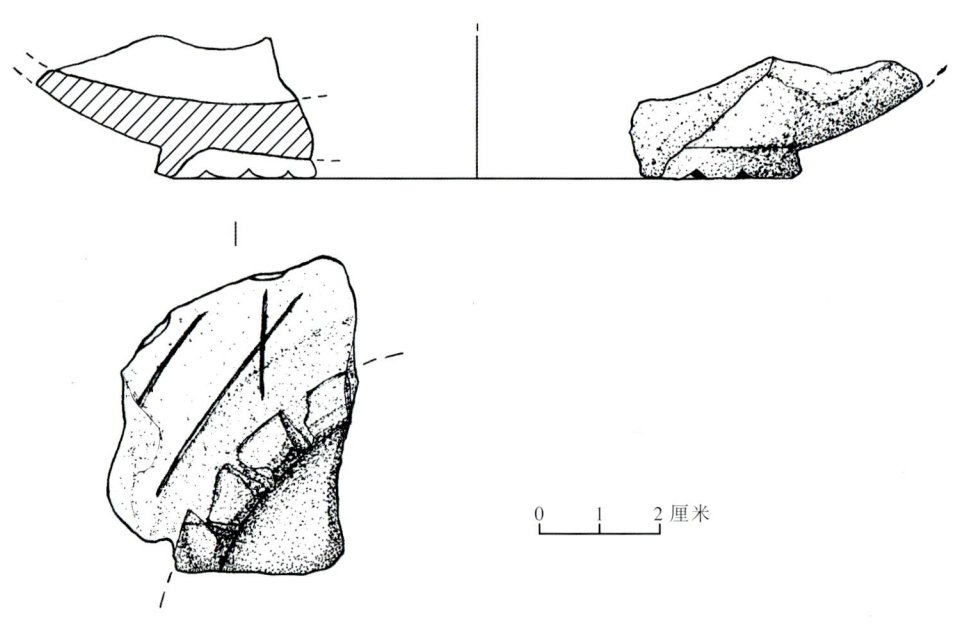

碗 85PKT407⑤

新石器时代
底径10.8、残高2厘米

　　泥质，胎黑色、细腻。残存部分圈足和腹部，弧腹，矮圈足，圈足外底越向中心越凸出，内底则宽且平，圈足成锯齿状，人为压印而成。外表黑色经修整与打磨光滑，残留一些平直的细痕。内壁呈褐色，光滑。

陶 器　105

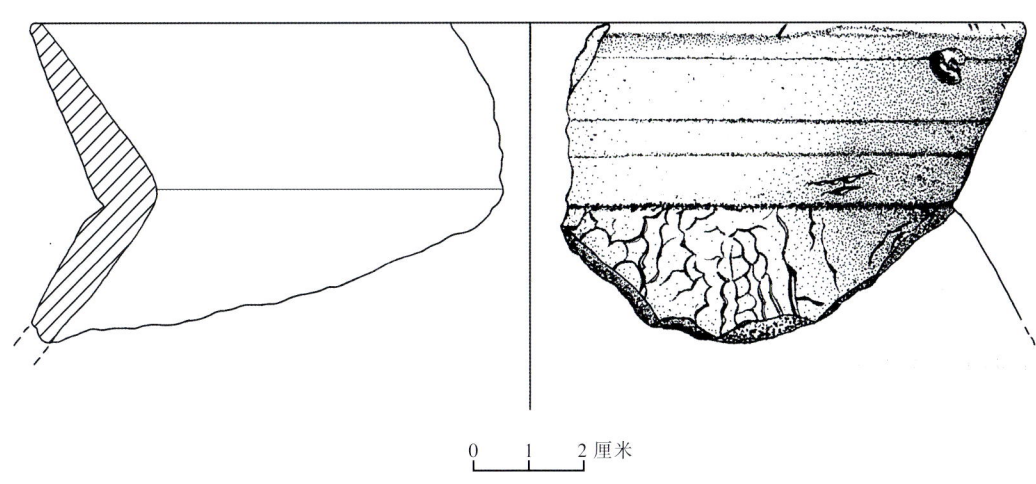

0　1　2厘米

罐　85PKT504⑤

新石器时代

口径17.9、残高5.6厘米

　　夹粗砂，胎灰黑色，呈片状节理，质地较细密，陶质较硬。器表为灰黑色，内壁灰黄色。敞口，圆唇，束颈，溜肩，肩以下残，口沿经过慢轮修整，痕迹明显，外壁刻划3道细条纹，肩部压印麻点纹。颈部经过按压加固呈"＜"形。口颈连接处还残有2个贝齿压印纹。

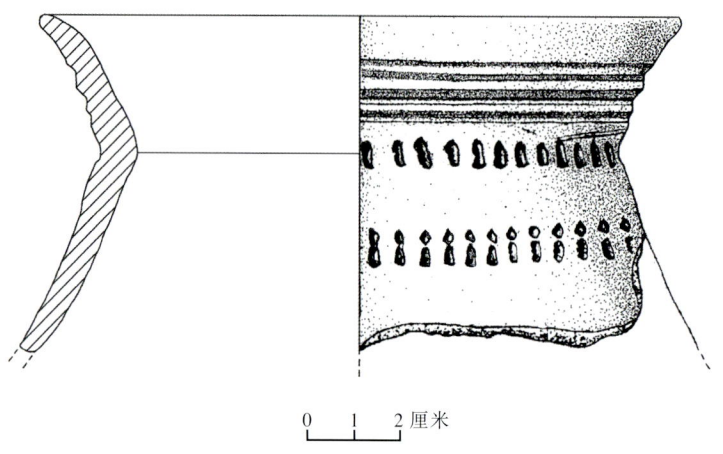

罐 85PKT702③

新石器时代

口径13.6、残高6.7厘米

夹粗砂，胎灰黑色，较致密，呈片状纹理，质地较坚硬。敞口，圆唇，束颈，斜肩，肩以下残。外壁红中泛黄，光滑，口沿外壁刻划3道凹弦纹，刻痕圆滑。颈部与肩部戳印纹，颈部戳印成锥形，肩部纹饰有2组，上方是戳印菱形点纹，下方的与颈部相同。戳印纹用工具一次戳成，内壁红色，颈以下凹凸不平。

陶 器 107

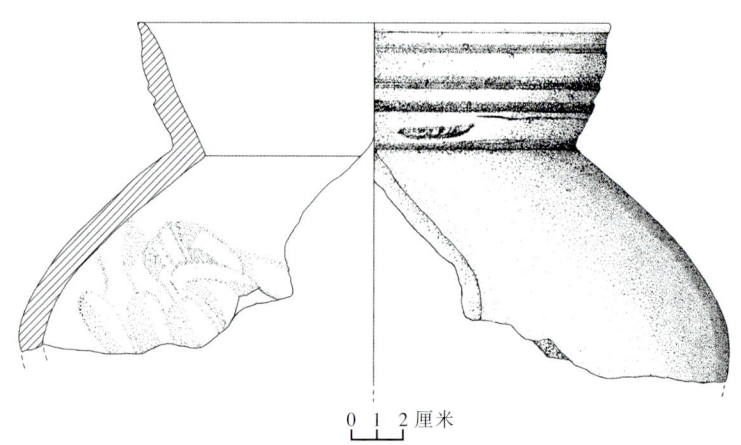

罐 85PKT606⑤:15

新石器时代

口径17.6、残高13厘米

夹粗砂，胎灰黑色，呈片状结构，质地较疏松。外壁灰或灰黑色。敞口，圆唇，束颈，鼓腹，腹径最大处在中部。口沿外壁弧形，刻划粗且深的条纹及一些较浅较细的条纹，肩、腹部饰麻点纹，纹饰模糊。腹内壁可见手指的凹窝印，外表可见暴露的粗砂粒。

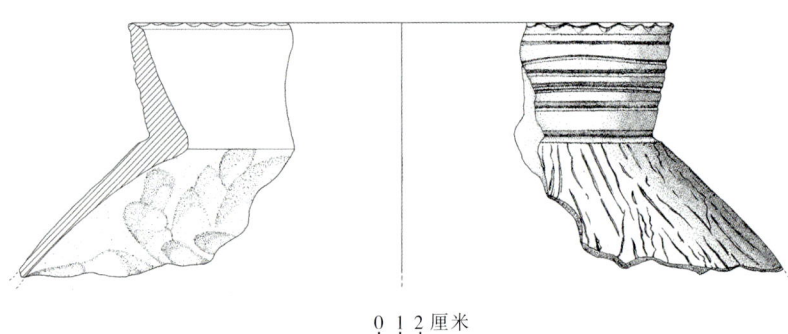

罐 85PKH5

新石器时代

口径 25.2、残高 11.3 厘米

夹粗砂红陶,胎灰黑色,呈片状节理,质地较坚硬。表面红色偏黄,内壁灰黄色。敞口,束颈,斜肩,肩部以下残缺。腹径最大处应该在中部。颈部按压加固的凹弧面明显,口沿略外折,内有明显的棱,下方微凹。唇面按压成锯齿状,口沿外壁刻划 6 道平行的条纹,最上 2 道较窄和浅,其余 4 道宽且深,各纹刻划较直,第 5 道扭曲较大。肩腹部压印平行,局部有交错的贝齿纹,并用湿手抹平,纹饰模糊。内腹壁有较多大小不等的凹窝,腹最大径处胎最薄。

陶 器

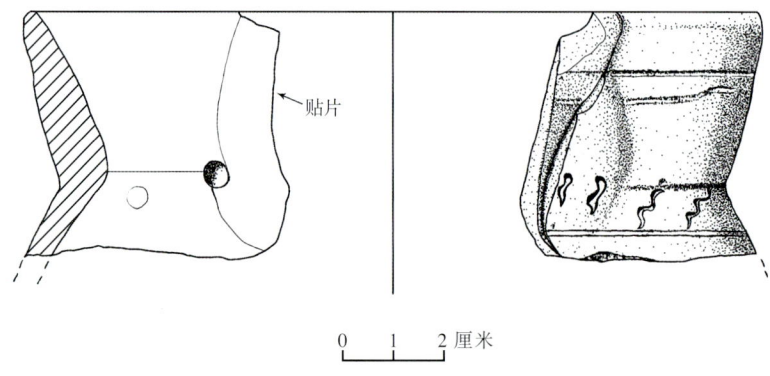

罐（口沿） 85PKT504⑤

新石器时代

口径 14.3、残高 4.6 厘米

胎黑色，呈片状节理，质地粗糙，夹粗砂和贝壳碎屑。敞口，圆唇，束颈，斜肩，腹、底残。口沿外表粗糙，灰色，下方刻划 1 道条纹，颈部压印贝齿纹，纹印清晰、较短。肩部有 2 道刻划细条纹。该罐自口沿至颈部有较厚贴片，贴片下有原先刻划的条纹，补完贴片后再重新刻画纹饰，表明此件器物经过修补后再使用。

陶　器　113

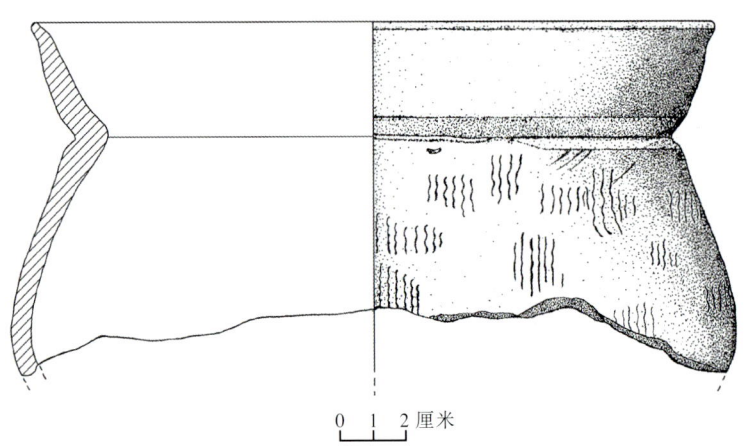

罐 85PKH11：1

新石器时代

口径20、残高9.8厘米

夹粗砂，胎黑色，呈片状，质地较坚硬。内外皆灰色。敞口，圆唇，束颈，溜肩，鼓腹，底部残。口沿外壁弧，内壁凹弧形，上方略外折。口沿经过慢轮修整，颈部按压加固成明显的"＜"形，使得肩部明显隆起1道凸棱。内壁粗糙，有许多大小不一的凹窝。外壁则较光滑，饰贝齿压印纹，局部有交错，纹饰压印后用湿手抹光。

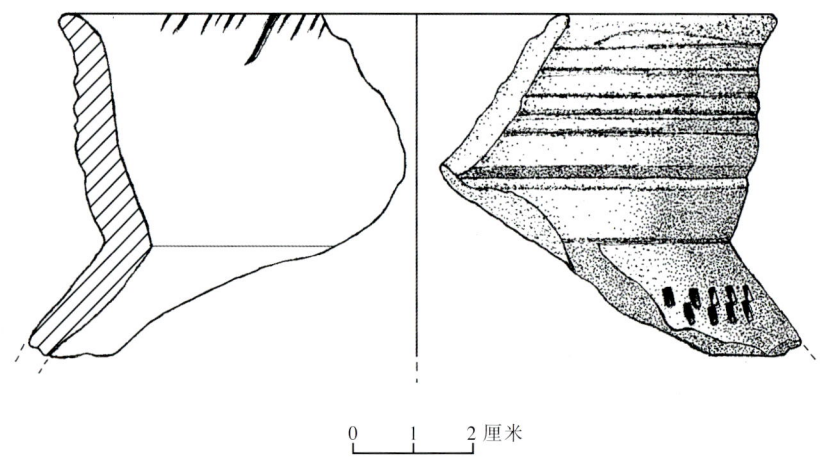

罐 85PKT607⑤:12

新石器时代

口径11.8、残高5.4厘米

　　胎黑色，夹粗砂和贝壳碎屑，砂粒多露出器物表面。内外皆灰褐色。敞口，圆唇，略向外卷，口沿内壁凹弧状，束颈，斜肩。口沿外壁刻划6道平行条纹，最下方1道宽且深。肩部有1排长方形的戳印纹，相互错开排列。唇面压印大量的短斜线，颈部经过按压加固，外表经过抹光。

陶器 117

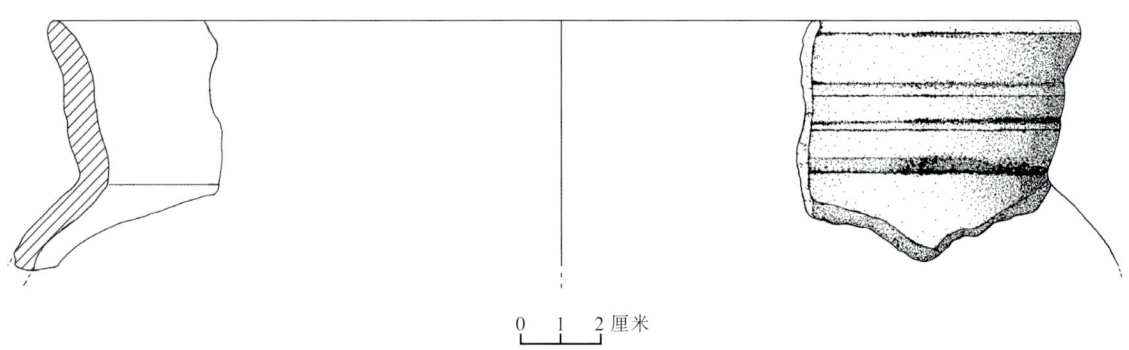

0 1 2 厘米

罐（口沿） 85PKT606⑤

新石器时代

口径 25.2、残高 5.9 厘米

　　夹粗砂，胎灰色，质地疏松，较坚硬。外壁呈灰黄色，内壁呈灰色。敞口，圆唇，束颈，斜肩。口沿外壁刻划 2 道平行的条纹，较宽较深，使外壁成波浪形，颈部有按压痕迹。

陶 器　119

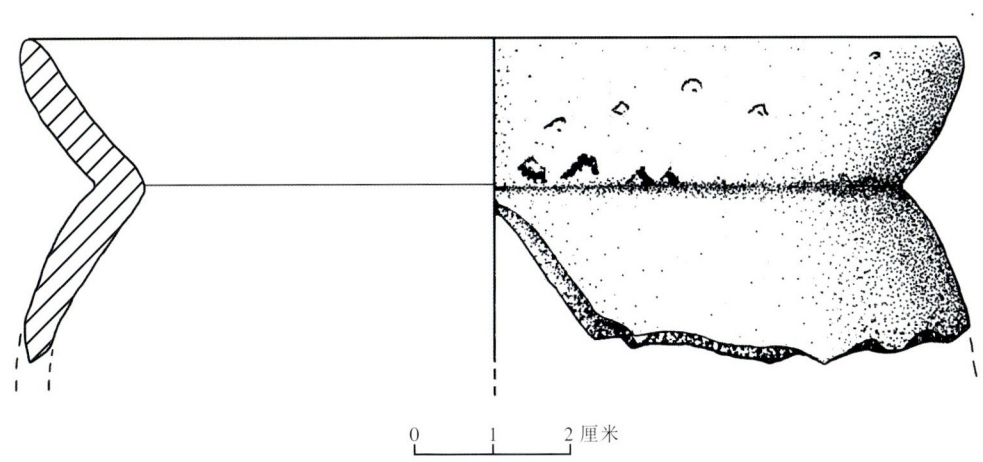

罐 85PKT804⑤

新石器时代

口径12.2、残高4.1厘米

夹粗砂红陶，胎红色，夹粗大的石英砂粒，疏松。敞口，圆唇，束颈，圆肩，口沿外壁局部压印不规则贝齿纹。外壁粗糙，砂粒均露出外表，表面有经过湿手抹光。

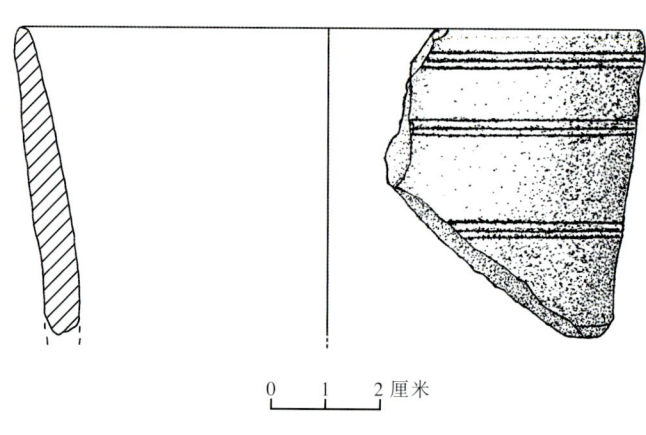

罐（口沿） 85PKT403⑤：48

新石器时代

口径 11.4、残高 5.4 厘米

　　胎灰色，夹砂和贝壳，质地致密。敞口，圆唇，外壁残存 4 组刻划凹弦纹，上 2 组每组 3 道，第 4 组仅残存一道。弦纹深浅不一。

陶 器 121

罐（口沿） 85PKT403⑤

新石器时代

口径 15.6、残高 4.7 厘米

胎深灰色，夹粗砂，陶土经过淘洗较致密，可见片状节理面。口沿外壁黑色，经打磨，可见轮修的痕迹。颈部经过按压加固，形成 1 道凹槽。颈以下残，口沿外壁弧。口微敛，圆唇，口沿面压成锯齿状。

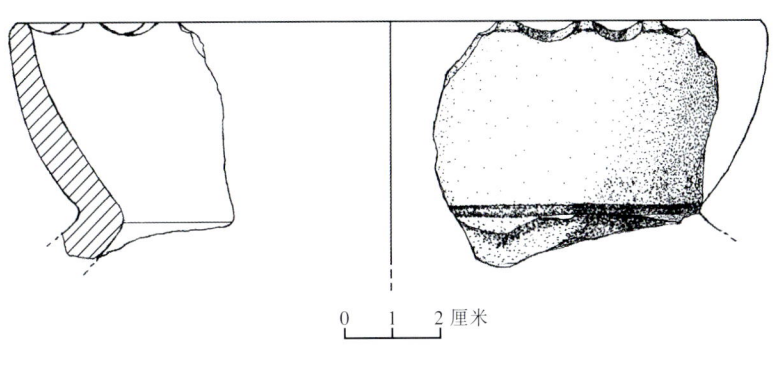

122　平潭壳丘头遗址图录

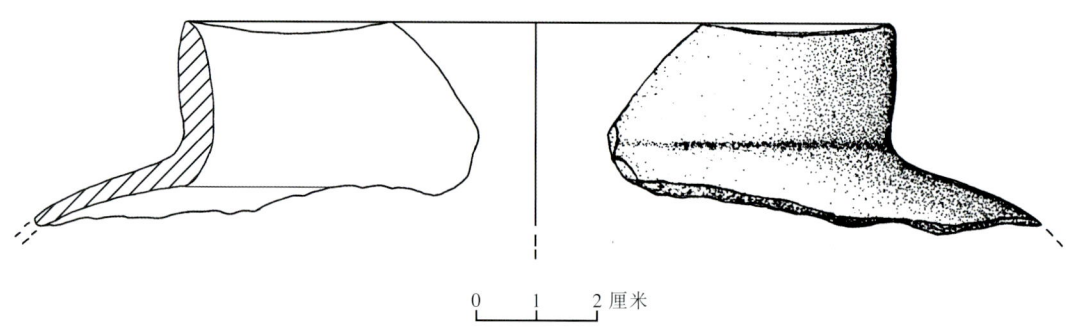

0　1　2 厘米

罐（口沿） 85PKT504⑤

新石器时代

口径12、残高3.2厘米

　　泥质陶，胎黑色细腻致密，可见细细的白色小颗粒，质地较坚硬。直口，尖圆唇，鼓肩，肩以下残。口沿从残存部分来看，应该成花口状，残存有两个角，角之间凹弧，略平。外壁灰色偏白，有抹光痕迹，素面。

陶 器　123

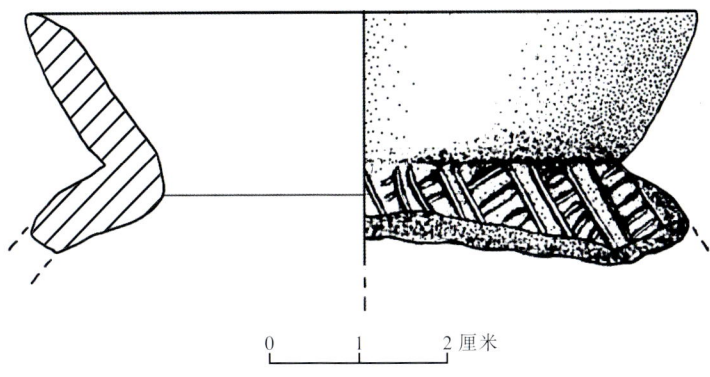

罐（口沿） 85PKT403 ⑤

新石器时代

口径 7.6、残高 2.4 厘米

夹细砂，胎灰黑色，质地较疏松。敞口，圆唇，束颈，鼓肩，肩以下残。外壁灰黑色，口沿外无纹饰，肩部饰刻划纹，斜线纹之间为横向短斜线。

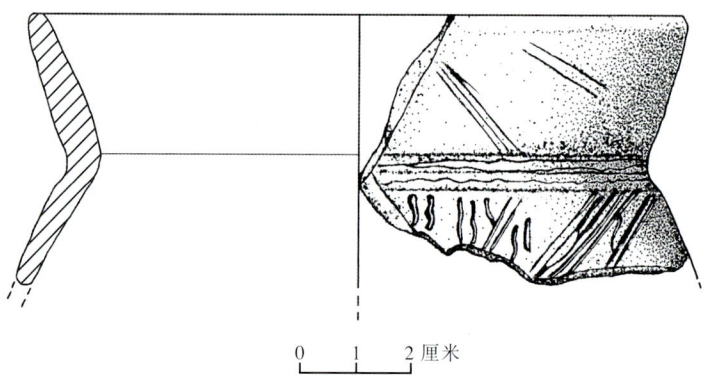

罐 85PKT404④A

新石器时代

口径 11.8、残高 4.5 厘米

胎褐色，夹粗砂和云母碎屑，质地较硬。敞口，圆唇，束颈，斜肩，肩以下残。内壁褐色。外壁呈灰褐色，口沿外壁成红褐色，刻划条纹，肩部刻划斜条纹与贝齿压印纹组合纹饰。颈部经过按压稍有内凹。

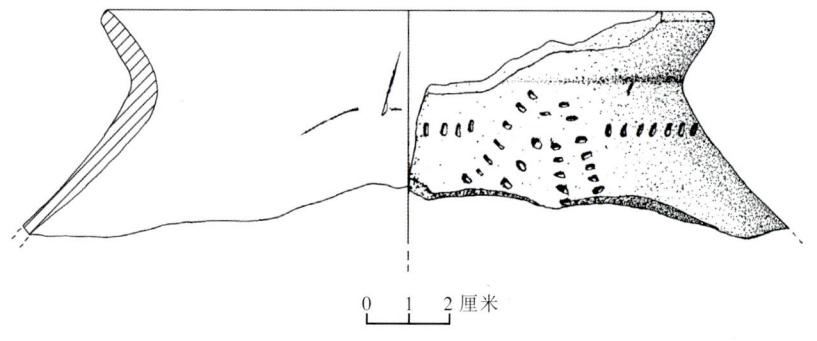

罐 85PKT205⑤

新石器时代
口径 14.2、残高 5 厘米

　　胎褐色，夹细砂，较细腻，质地较坚硬。敞口，方唇，束颈，斜肩。外壁灰黑色，经过打磨。残存的肩部上方横向戳印一排卵圆形或方形的点纹，排列规则。另有斜向戳印的两排点纹与横向的相交。内壁浅褐色，颈部可见较浅的凹窝和一些划痕和植物印痕。

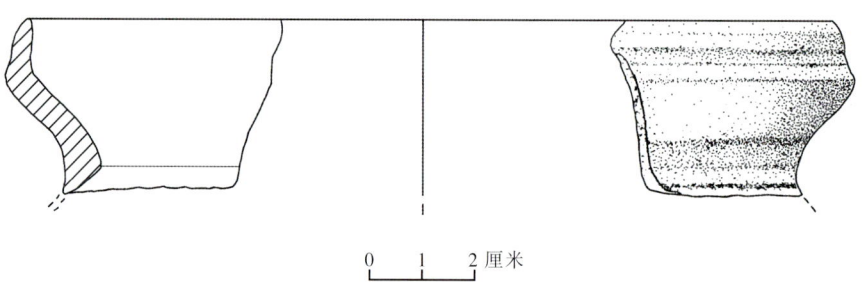

罐（口沿） 85PKT708⑤∶7

新石器时代

口径 15.2、残高 3.2 厘米

泥质陶，胎黑色，质地细腻。外表黑色与灰色兼杂。内壁灰白色，经过慢轮修整。外壁磨光，内壁光滑。口沿上方内折形成敛口，圆唇，颈部内收。

陶 器 129

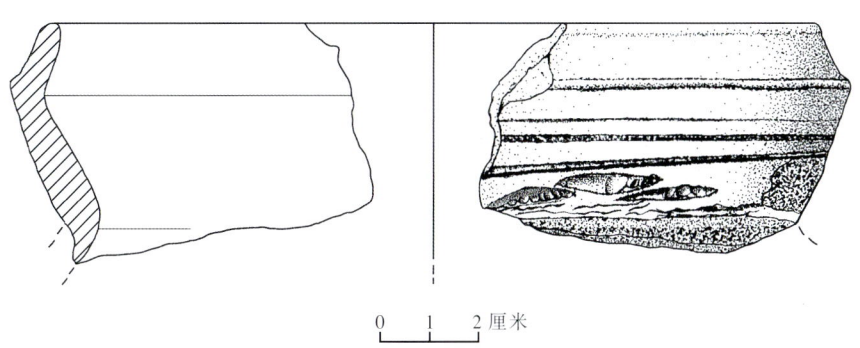

罐（口沿） 85PKT605⑤

新石器时代
口径 15.8、残高 4.7 厘米

　　胎灰黑色，呈片状节理，夹粗砂和少量的贝壳碎屑。敛口，圆唇，颈以下残。口沿上方内折成敛口，形成 1 道凸棱，外沿面刻划 3 道平行条纹。口沿下方，颈部之上的区域有许多压印痕，形成波浪形，有 3 个大的压印凹坑，较深，应为某类贝壳的齿痕。外表灰褐色，唇部则偏黄，内壁褐色。口沿经慢轮修整，内外均可见修整的旋痕。

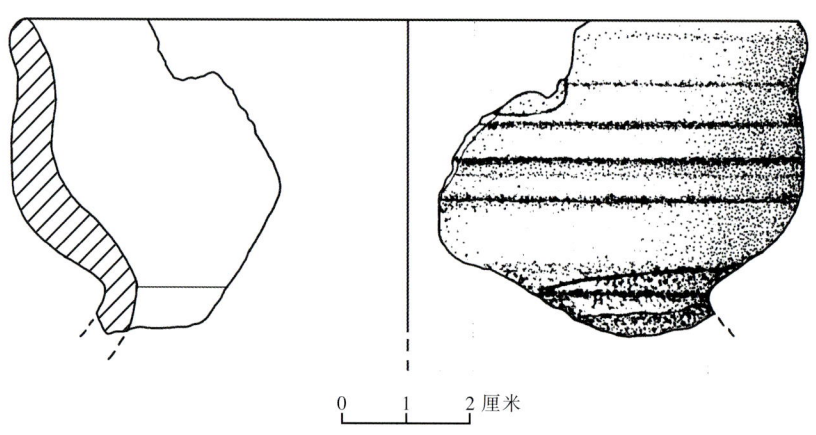

罐（口沿） 85PKT504⑤

新石器时代
口径11.9、残高4.5厘米

夹粗砂，胎灰色，粗糙片状节理。直口，圆唇，束颈，领较长，外鼓。内壁则呈凹弧形。口沿下方稍内收，内外皆灰色，外壁刻划4道平行条纹，条纹较宽。颈部下方有道细痕。口沿经过慢轮修整。

陶 器　131

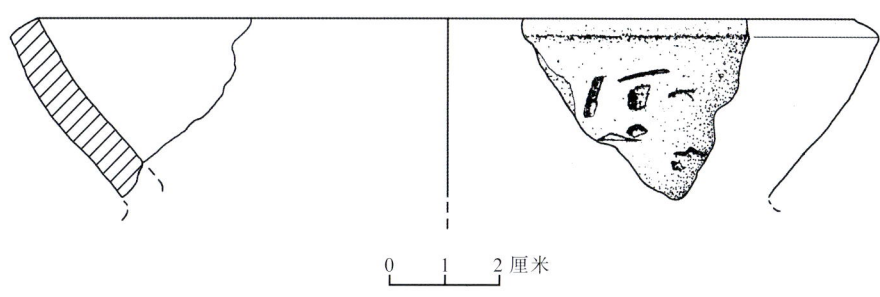

罐（口沿）　85PKT605⑤

新石器时代

口径 15.6、残高 3.1 厘米

夹粗砂，胎黑色，呈片状节理，质地坚硬。口沿内外皆黑色、粗糙，外表有许多凹坑。素面。敞口，方唇。

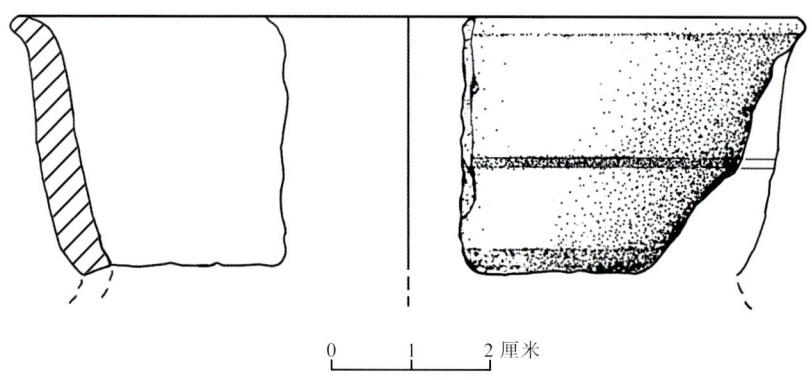

0　　1　　2厘米

罐（口沿） 85PKT604⑤

新石器时代

口径 10、残高 3.1 厘米

　　夹细砂颗粒，胎黑色，质地较细腻，经过淘洗。外壁黑色偏灰。口较直，卷沿，圆唇，领较高，颈以下残。口沿外弧内凹，外壁中部可见模糊的刻划条纹 1 道，无其他纹饰。胎厚薄均匀。颈以下有按压痕迹。

陶器　133

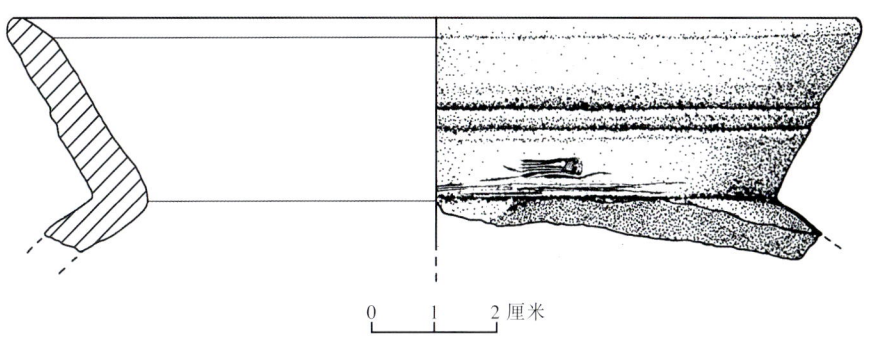

罐（口沿）　85PKT605⑤

新石器时代
口径 13.5、残高 3.2 厘米

　　胎黑色，夹粗砂，较致密，砂粒粗大，露出器表。敞口，束颈，斜肩，肩以下残。口沿上方略向外折，内侧略内凹。外表颜色不一，黑色或灰褐色。外壁于中部刻划 2 道粗条纹。口沿抹平，留有较多的抹平细痕，之后表面用工具经过慢轮修整。

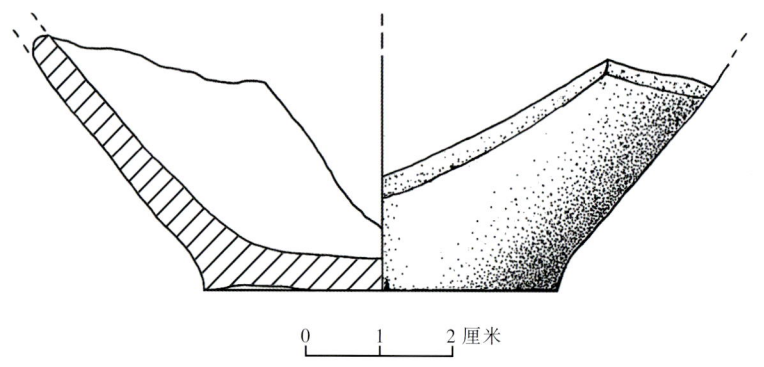

罐（底部） 85PKT501⑤

新石器时代
底径4、残高4厘米

　　胎深灰色，泥质，致密，质地较坚硬。外壁因火候的缘故颜色灰或近黑，内壁深灰，光滑。小平底，斜腹，底部残留有刻划痕或是垫底之物的印痕，外壁素面。

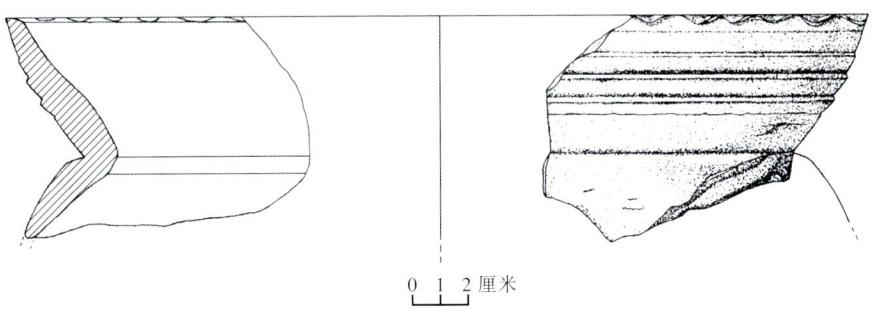

釜（口沿） 85PKT605⑤：18

新石器时代

口径30.7、残高8.9厘米

胎灰色，夹粗砂，呈片状。外表灰黄色，可见露出的砂粒和云母碎片。敞口，方唇，口沿面呈锯齿状，用手或工具压印而成。口沿外壁弧形，刻划5道弦纹，中间2道形成三角形截面，前2道浅，最后1道略成波浪形。束颈，颈部按压较深，肩部略鼓，可见模糊的贝齿纹，肩以下残。口沿内外可见慢轮修整的痕迹。

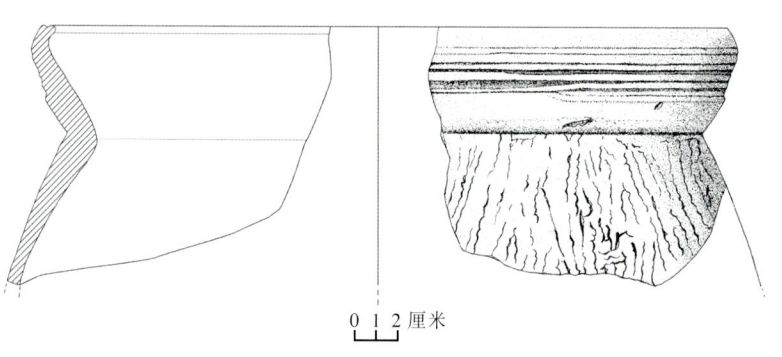

釜 85PKT503⑤

新石器时代

口径 31.2、残高 11.2 厘米

夹粗砂，胎灰色，夹粗砂和贝壳碎屑，致密，呈片状。外壁灰黄，内壁灰色，凹凸不平。口沿上方内折成敛口，方圆唇，唇面平，中间刻有 1 道浅槽。口沿外壁刻划 5 道凹弦纹，宽窄不一。束颈，颈部按压整齐压痕呈"<"形。保留小部分腹部，斜直，表面压印贝齿纹，斜向呈平行分布，局部有交错，略模糊。

陶 器 137

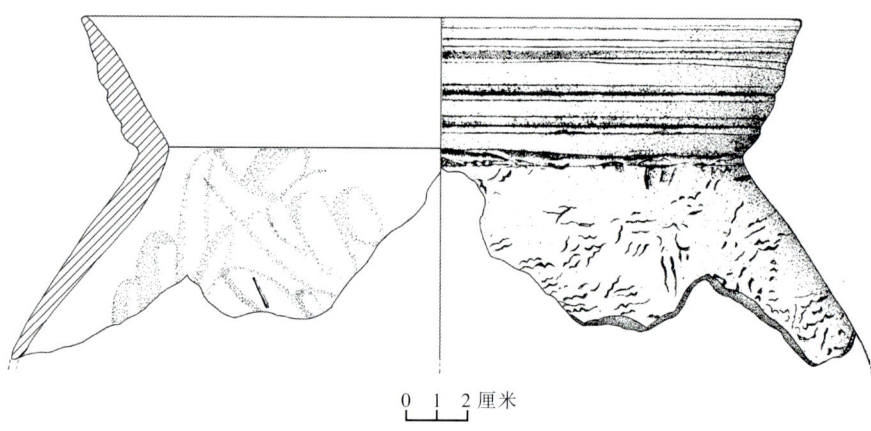

釜 85PKT606⑤:16

新石器时代

口径22.8、残高10.5厘米

残存口与腹的上半部分。胎灰黑色，夹粗砂和贝壳碎屑，呈片状，质地较疏松。敞口，圆唇，束颈，鼓腹，腹径最大处在中部。外壁灰褐色，内壁灰黑或深灰色，遗留有指窝、草秆痕迹。外壁口沿弧形，刻划3道粗且深的条纹及5道刻划细条纹，肩、腹部饰压印贝齿纹，齿纹相互叠压，已模糊。颈部有工具按压的明显痕迹。

陶 器 139

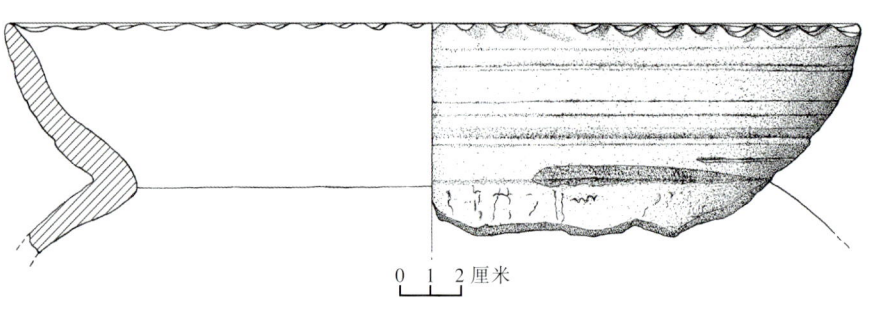

釜（口沿） 85PKH8∶2

新石器时代

口径27.2、残高6.4厘米

夹粗砂，砂粒粗大，外表灰黄色，胎深灰色，质地较坚硬，露胎处可见片状节理。敞口，圆唇，口沿面呈锯齿状，系用工具或指腹按压形成。口沿外壁呈弧形，刻划4道弦纹，宽窄、深浅不一，最下方1道最宽最深。内壁凹弧状，无纹饰。束颈，颈部有按压的印痕残存，釜身上压印纹饰，已模糊不清，似贝齿纹。

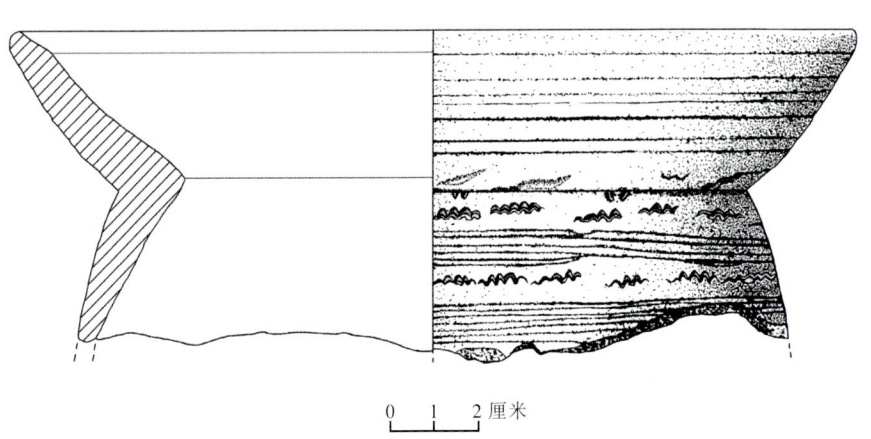

釜 85PKT503 ⑥

新石器时代

口径 18.8、残高 6.6 厘米

夹粗砂灰褐色陶，胎深灰色，呈片状节理，质地疏松、较坚硬。敞口，圆唇，束颈，弧腹。外壁口沿以下、颈之上有 7 道刻划的弦纹和较模糊的贝齿纹。腹部压印贝齿纹与刻划的弦纹组合纹饰 2 组，贝齿纹之间是刻划的弦纹，共 7 道，贝齿纹齿数 5 个，排列整齐。颈部也可见压印纹。

陶器 143

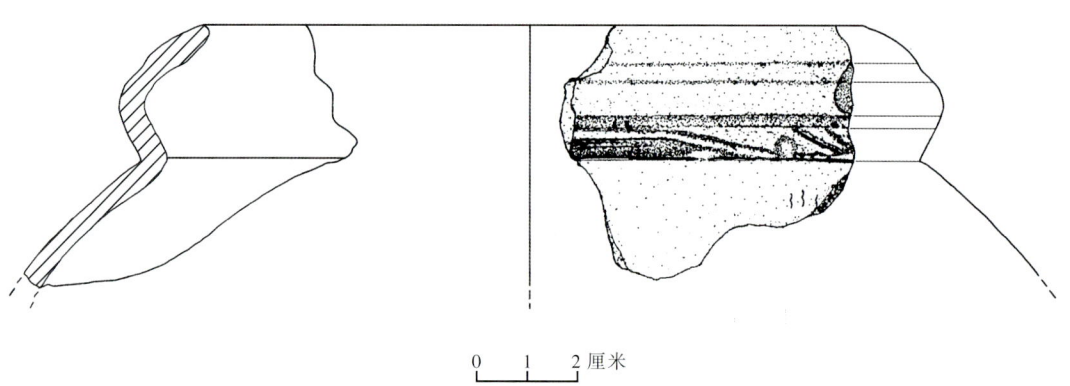

瓮 85PKT608⑤:4

新石器时代

口径 13、残高 4.8 厘米

夹粗砂灰陶，胎灰色，较致密，质地较硬，胎较薄。内外皆灰色，表面皆可见胎里的粗砂粒。敛口，圆唇，束颈，颈部以下残。口沿上方内折。口沿与颈部接连部有压印刻划痕迹，残存的腹部有压印的贝齿纹，已模糊。

陶器 145

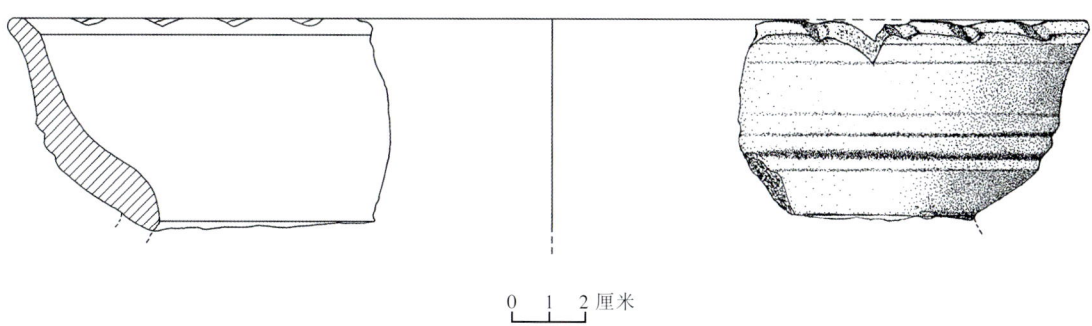

0　1　2 厘米

釜（口沿） 85PKT607⑤：10

新石器时代

口径 32.4、残高 5.6 厘米

夹粗砂红陶，胎灰黑色，夹粗砂粒和贝壳碎屑，呈片状节理，胎较厚。圆唇，唇面按压成锯齿状，口较直，束颈，颈部以下残缺。口沿外壁为红色，内壁灰黄色，口沿略向外卷，内壁凹弧形，口沿稍下方有2道细刻划弦纹。外壁中部刻划2道凹弦纹，宽约0.3厘米。口沿可见轮修的细弦纹痕迹。

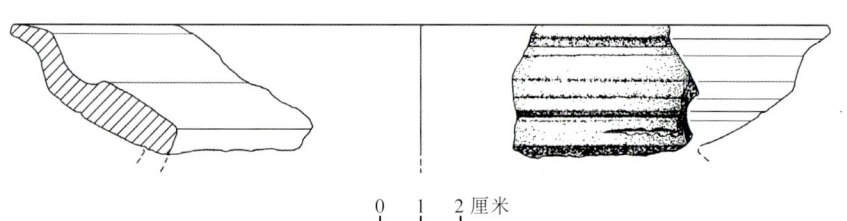

釜（口沿） 85PKT403⑤

新石器时代

口径 19.8、残高 2.8 厘米

胎灰黑色，夹粗砂，呈片状节理。侈口，平折沿，圆唇，口沿外壁中部向内折，内壁相对位置则呈凹弧状。外壁刻划 6 道平行的条纹，最下 2 道较宽较深。颈部稍上方有贝齿压印纹 1 道。

陶器 147

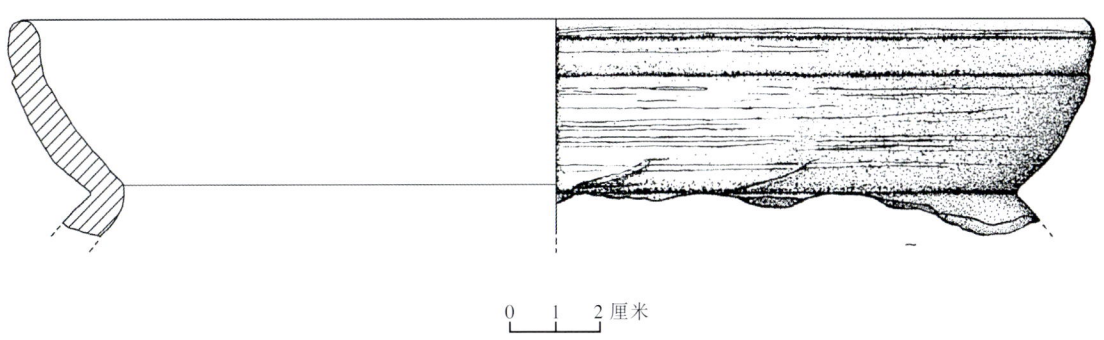

釜（口沿） 85PKT707⑥

新石器时代
口径24、残宽4.6厘米

夹砂红陶，胎灰黑色，夹粗砂，砂粒粗大，可见片状结构，质地较坚硬。敛口，圆唇，颈以下残。口沿外壁弧，经过慢轮修整，外壁可见轮修的弦纹，口沿上部经过修理变薄形成凸棱。外壁还有许多修整时留下的划痕。外壁红褐色，内壁灰黄色。内壁粗糙，颈部可见按压痕迹。

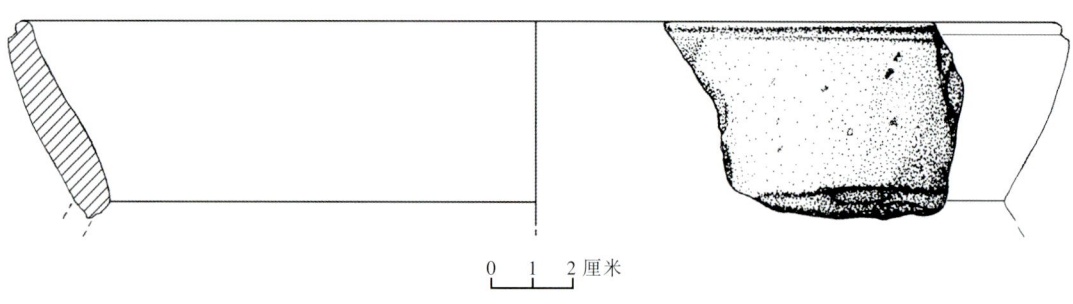

釜（口沿） 85PKT405⑥

新石器时代

口径 25.6、残高 4.6 厘米

夹粗砂，浅褐色陶片，胎深灰色，胎质疏松、较坚硬。外壁浅褐色。敞口，圆唇，唇面外侧刮削一周，使唇面变薄。表面有慢轮修整痕迹，颈部以下缺失。

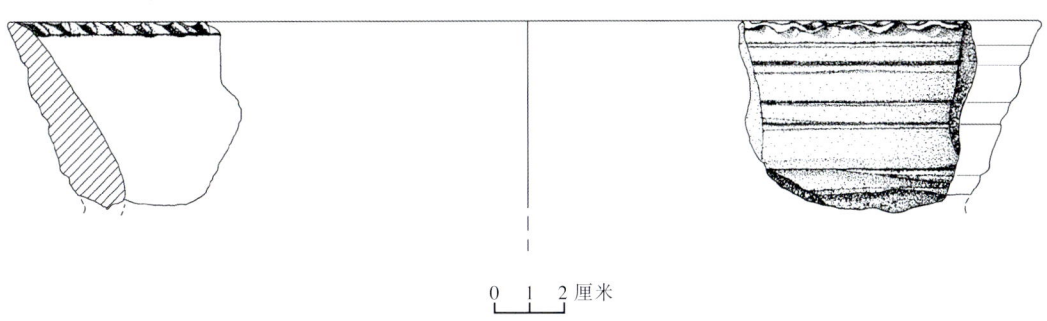

釜(口沿) 85PKT503⑥

新石器时代
口径 29、残高 5.2 厘米

　　夹粗砂红褐陶，胎灰黑色，较致密，胎最厚达 1.4 厘米。敞口，圆唇，口沿内外皆呈灰黑色，唇面压印锯齿状，较规整，唇下到颈部之间饰 5 道平行凹弦纹，深浅不同，第 2 道略宽。颈以下缺失。

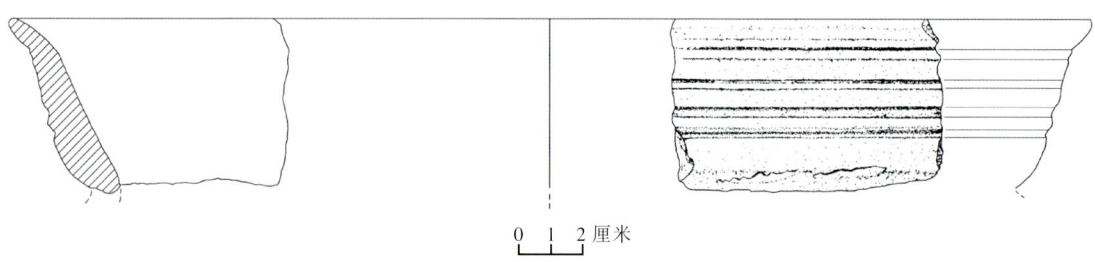

釜（口沿） 85PKT605⑤

新石器时代

口径 33、残高 5.2 厘米

　　胎黑色，夹粗砂，呈片状节理，质地疏松、略坚硬。内外皆灰色，粗糙。侈口，圆唇。外壁刻划 8 道平行的条纹，最下方 2 道宽且深，刻划使口沿外壁成波浪形。口沿经过慢轮修整。

陶 器　151

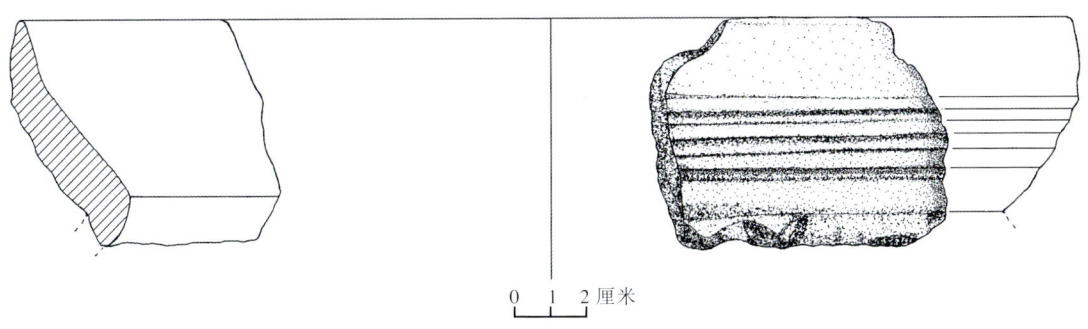

釜（口沿） 85PKT405 ⑥

新石器时代
口径 19.2、残高 5 厘米

　　胎黑色，夹粗砂和贝壳碎屑，呈片状节理。胎质粗糙，有许多小孔，质地较坚硬。外表灰色，内表灰黄色。直口，圆唇，口沿上方折向内成直口，内壁则为凹弧形。外壁自转折处以下共刻划 3 道平行的条纹，条纹宽、平。颈部连接处还残留按压痕迹。

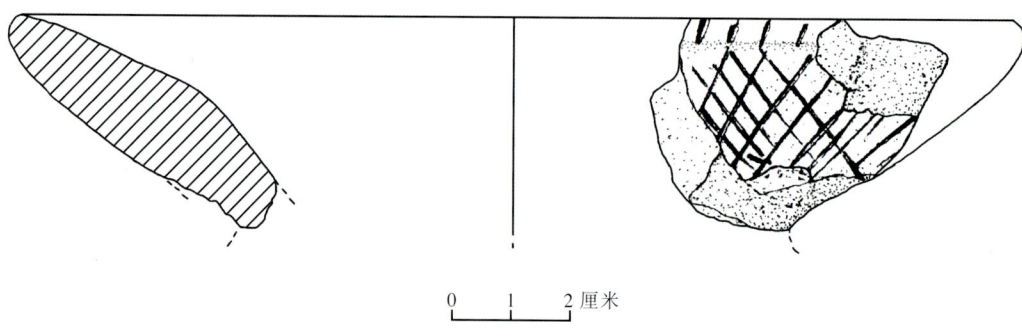

0 1 2 厘米

釜（口沿） 85PKT706⑤：13

新石器时代
口径17、残高3.5厘米

　　胎红色或灰黑色，夹粗砂，疏松，胎最厚处1.5厘米。口沿唇面压印短斜线。侈口，圆唇，颈以下残缺。外壁灰色，刻划网格纹。

陶 器　153

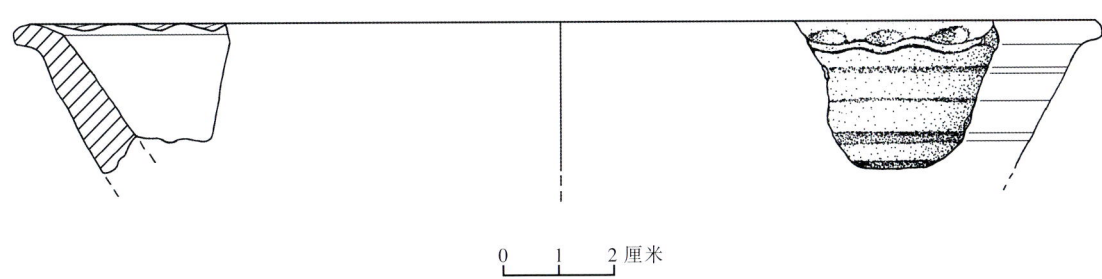

釜（口沿）　85PKT407⑤

新石器时代

口径 19.8、残高 2.6 厘米

夹粗砂，质地较坚硬，胎黑色，呈片状节理。侈口，折沿，圆唇，唇面按压成锯齿状，按窝明显。外壁灰色残存刻划 4 道平行的宽条纹，条纹间距相等、平直，宽窄不一。内壁灰黄，局部偏红。口沿有轮旋修整痕迹。

154　平潭壳丘头遗址图录

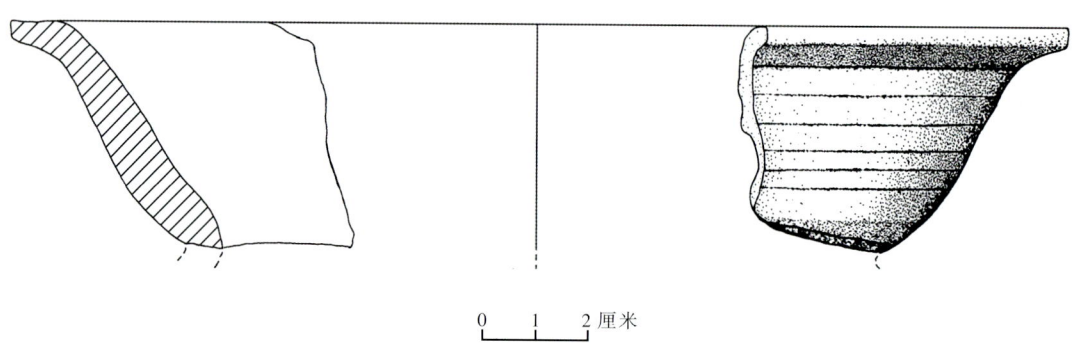

0　1　2厘米

釜（口沿）　85PKT504⑤

新石器时代

口径19.8、残高4.1厘米

　　胎灰黑色，夹粗砂，呈片状节理，质地较坚硬。内外皆灰色。侈口，折沿，方圆唇。口沿外壁弧，刻划7道细条纹，内壁粗糙，中下部略内凹，颈部以下残。

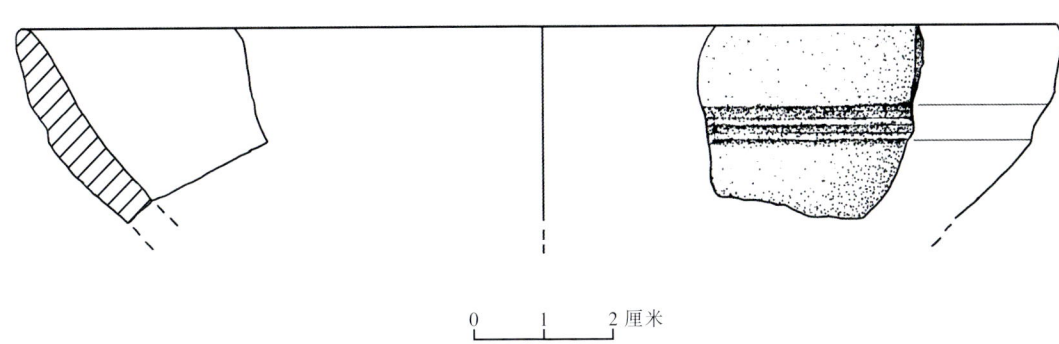

钵（口沿） 85PKT504⑤

新石器时代

口径 15.2、残高 2.7 厘米

泥质灰黄陶，胎黑色，细腻。外表灰黄色，断面内外颜色分界明显。敞口，圆唇，斜弧腹。外表施红衣，色偏黄，中部刻划一条宽大的条纹，条纹内可见多道细痕。

黑色，轮修痕迹明显，经过修整后全身磨光，不精细但表面光滑。除腹中部两组平行的刻划细线纹外，未见其他纹饰。

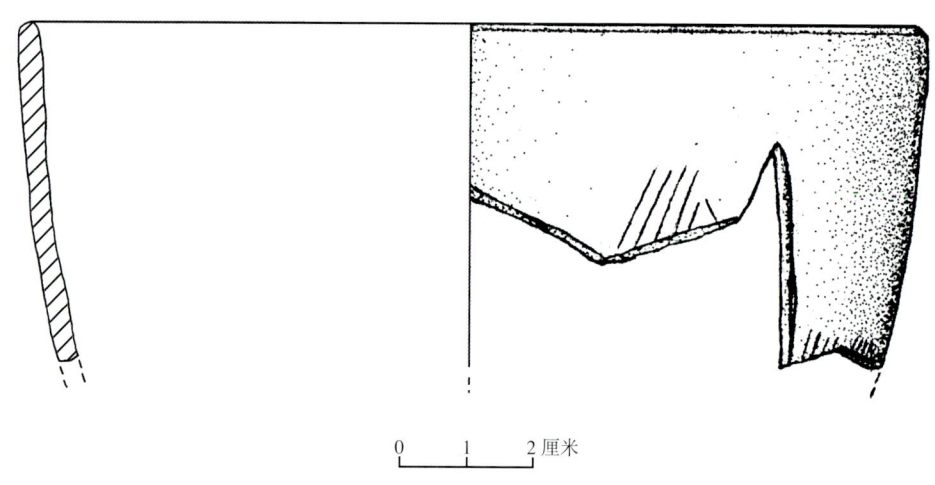

钵 85PKT501⑤:6

新石器时代

口径 13.6、残高 4.9 厘米

泥质黑陶，胎黑色，细腻，胎薄约 0.3 厘米。直口，圆唇，直壁略弧，下部残。内外皆黑色，轮修痕迹明显，经过修整后全身磨光，不精细但表面光滑。除腹中部除两组平行的刻划细线纹外，未见其他纹饰。

陶 器 157

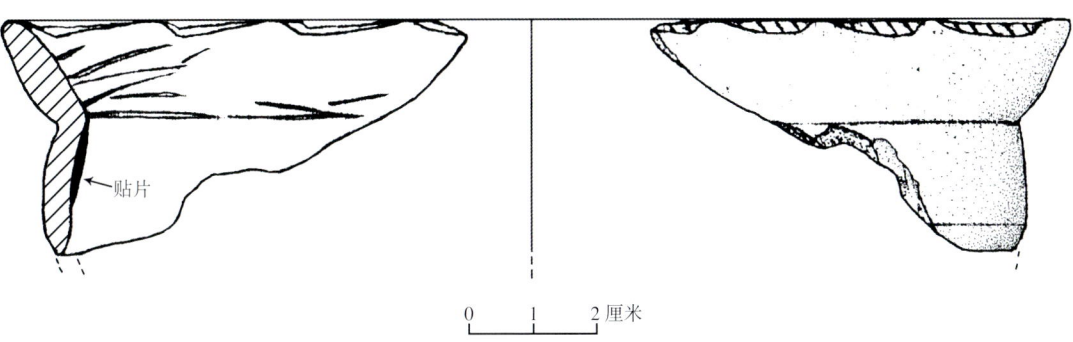

0　1　2厘米

口沿 85PKH19：2

新石器时代

口径16.8、残高3.5厘米

泥质磨光黑陶，胎深灰色，致密，内壁为灰褐色。敞口，束颈，圆唇，口沿为压印的锯齿状，较规整，唇面压印短斜线。素面，内部有印痕。

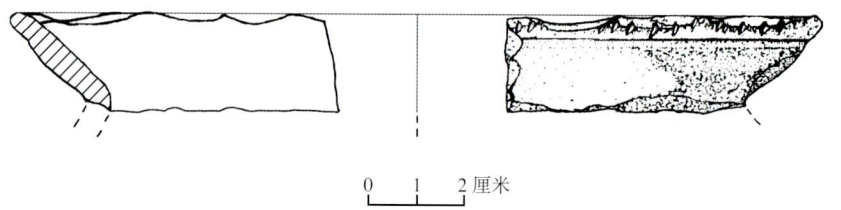

口沿 85PKT704⑥

新石器时代

口径16.8、残高1.9厘米

泥质磨光灰陶，胎致密，外壁凹凸不平有脱落痕迹。侈口，圆唇，唇部压印锯齿状，不规整，唇面外侧有压印短斜线。

陶 器

口沿 85PKT503⑥

新石器时代

口径 14.5、残高 5 厘米

灰黑色，表面有磨光（淘洗残存砂粒）。直口，口沿略外卷，唇部压印锯齿状，短颈，折肩，弧腹，胎黑色细腻。腹以下残。

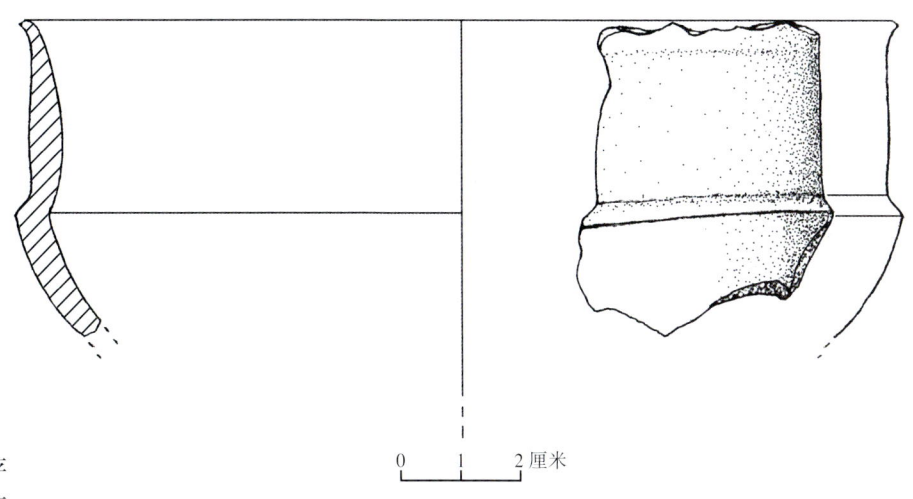

160　平潭壳丘头遗址图录

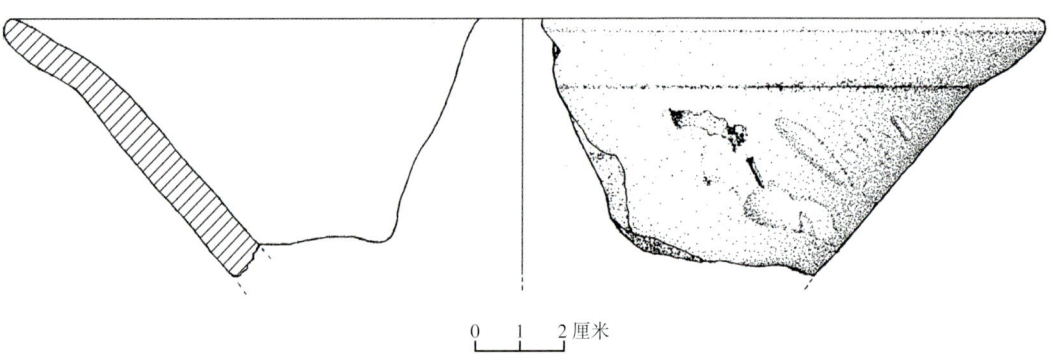

口沿 85PKT503⑥

新石器时代

口径 23.2、残高 5.5

　　夹粗砂灰陶，胎灰色，质地较坚硬，外壁呈灰色，内壁灰黄色，呈色不一。侈口，圆唇，领较长，颈以下缺失。外壁表面有数个近椭圆形的凹坑和植物印痕。

陶 器　161

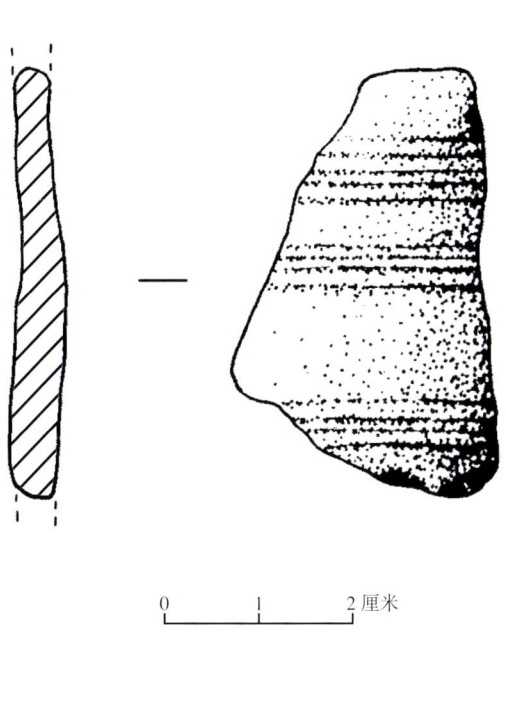

口沿 85PKT403⑥

新石器时代

口径 8.6、残高 4.35 厘米

　　夹细砂灰黑陶，胎灰黑色，致密。圆唇，内外壁均为灰黑色。外壁上、中、下有 3 组刻划凹弦纹，上部 5 道，中部 4 道，下部 5 道，每组近平行。颈部以下缺失。

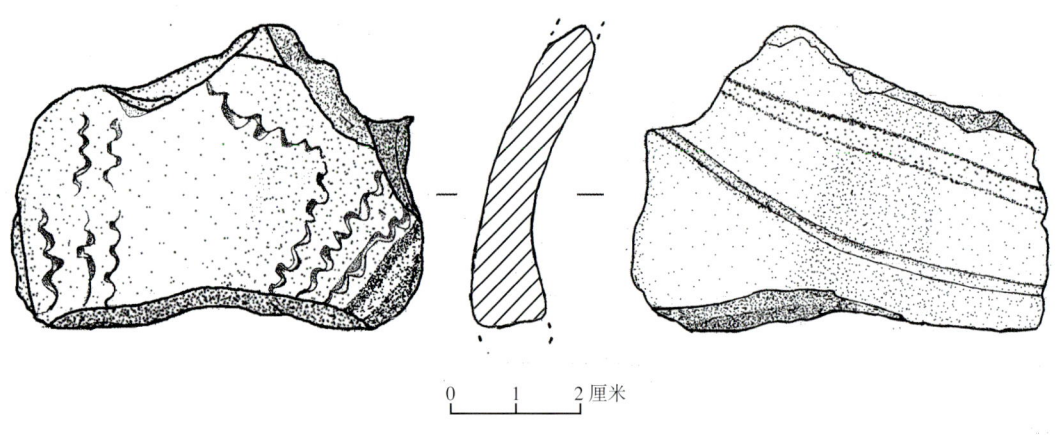

口沿 85PKT403 ⑥

新石器时代
残高 4.5 厘米

　　夹粗砂灰黄陶，胎灰黑色，较致密，呈片状，质地较坚硬，胎厚 1.2～0.7 厘米。内外壁均为灰黄色，外壁残留 3 组压印贝齿纹，贝齿数 3～5 个，排列无规律。上部 1 道，下部左右两侧 4 排为一组。内壁有 3 道制作时的印痕，深浅不一。

陶器 163

羊角錾 85PKT706⑤

新石器时代

长 6.8、厚 2.1 厘米

夹砂灰陶，胎深灰色夹细砂，手工捏制而成。上部扁平，横截面为不规则的椭圆形。平面呈弧形，尾端上翘，与器身相连部分宽大，可见 1 个孔，深 2.2 厘米，宽 1.8 厘米。其余部分为实心。

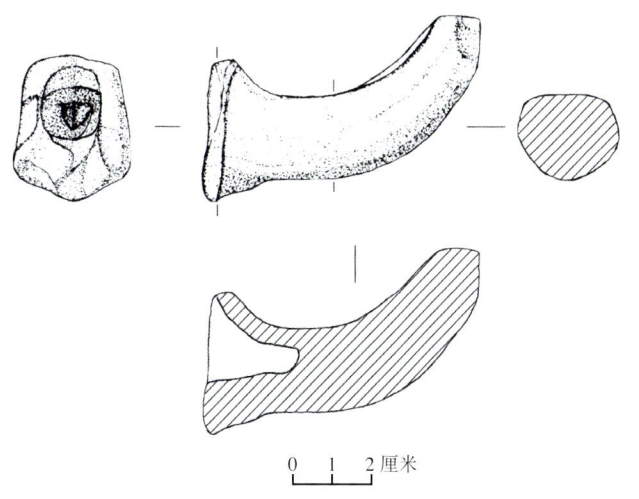

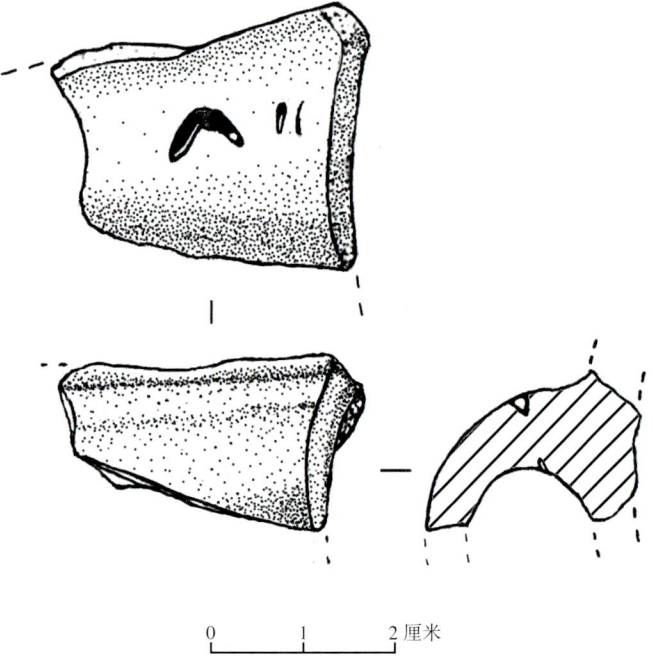

耳 佚号

新石器时代

残长 2.8、宽 3.4、厚 0.6 厘米

泥质黑陶，胎黑色，细腻，质地较硬。平面呈长方形，横剖面为半圆形。表面光滑，戳印 2 个相对的椭圆形孔，旁边另戳印有 1 个箅点状的点纹。耳内侧也有 1 个箅点状的点纹。

陶 器 165

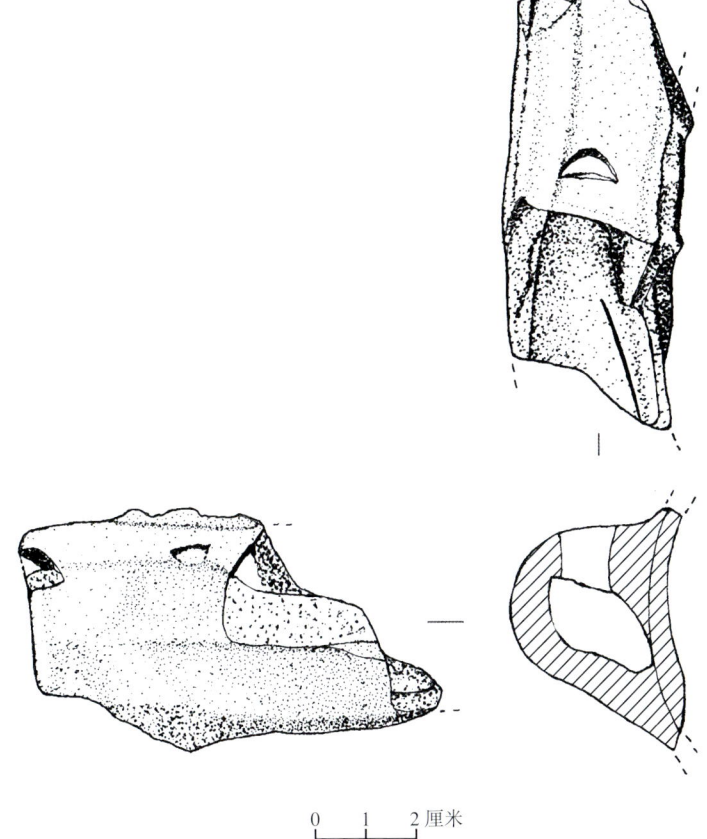

耳 85PKM1

新石器时代

残片宽3.5、高4.6厘米；中部孔宽2、高1.2厘米

夹粗砂灰陶，胎偏青灰色，较致密，质地较硬。平面呈长条形，中空，孔较宽而扁，表面残存1个完整的三角形镂孔，另1个只剩孔壁，镂孔孔壁直，单面钻成，侧面圆弧，平滑。另一侧粘连在器物的腹部，器物的粘连痕迹明显，腹部斜弧。三角镂孔长1.2、宽0.6、深1.1厘米。

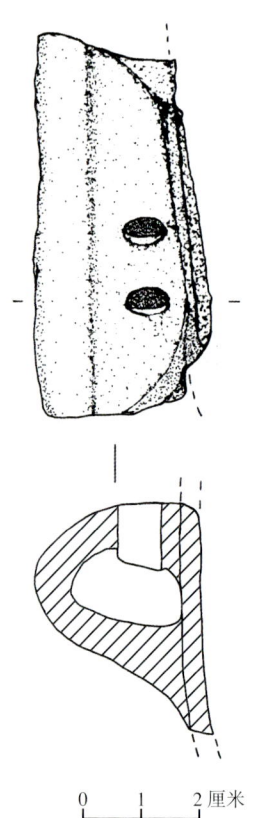

耳 85PKT306⑤

新石器时代

长 6.3、宽 2.4 厘米

胎灰黑色，夹粗砂，质地疏松、较软。外表为褐色，局部呈黑色。耳为横式，平面呈长方形，中空椭圆形。顶部中间有 2 个椭圆形的镂孔，大小相当。孔壁留有穿孔工具的痕迹，为顶向底单面钻成。残存器物的腹与耳相连，可以看出，耳是之后粘连在器物上，之后在连接部用泥加固抹平。中间孔长径 1.9、短径 1.3 厘米。镂孔长径 0.8、短径 0.4 厘米。

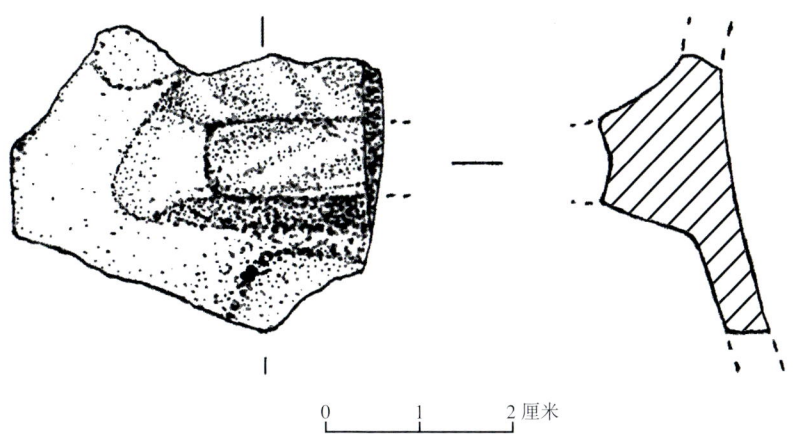

耳 85PKT606⑤

新石器时代

长 2.9、厚 0.8 厘米

泥质灰陶，胎细密，灰色，胎较薄。耳为横耳实心，前端残，后端宽大与器腹成为一体，可见是制作后黏于器物之上。横截面呈圆角长方形。

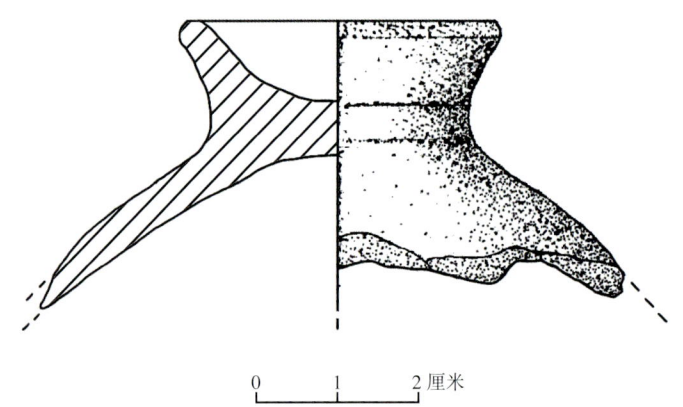

器盖 85PKT606⑤：2

新石器时代

盖提手直径 4、残高 3.4 厘米

胎褐色，致密，夹细砂和贝壳碎屑，火候高，质地坚硬。器表灰黑色，因屑和贝壳而闪闪发亮。盖覆盘形，弧腹。提手呈圈足状，微敞，方唇。

陶 器

器盖 85PKT403⑤:52
新石器时代
残高 5.2 厘米

表面深灰色，盖体和捉手均残，只存中间部分。胎深灰色，夹粗砂，胎厚。可见盖体部分为斜腹。捉手为圈足形，中部内收。

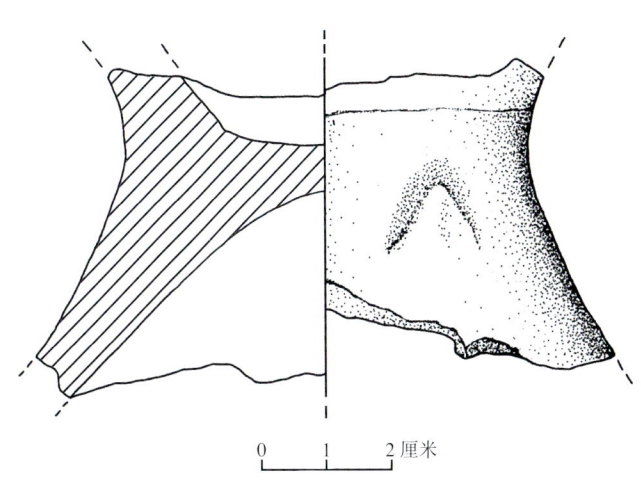

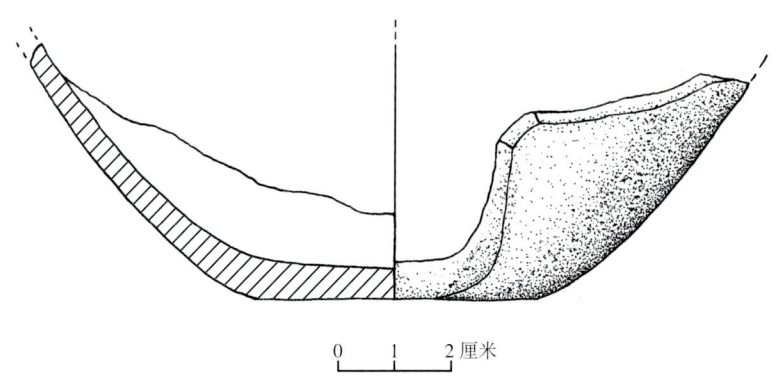

器底 85PKT407⑥

新石器时代

底径5、残高4.3、胎厚0.5厘米

泥质磨光黑陶，胎深灰色，致密，内外均为素面。平底，弧腹。

圈足 85PKT403⑥：8

新石器时代

底径 15.7、残高 2.7 厘米

胎黑色，泥质，致密，足外撇，方圆唇。外表灰褐色，内壁黑色。残存的圈足有 2 个镂孔，大致为椭圆形。镂孔壁斜直，外高内低，内径大于外径。

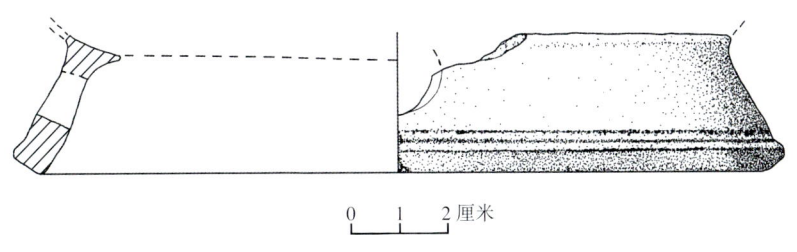

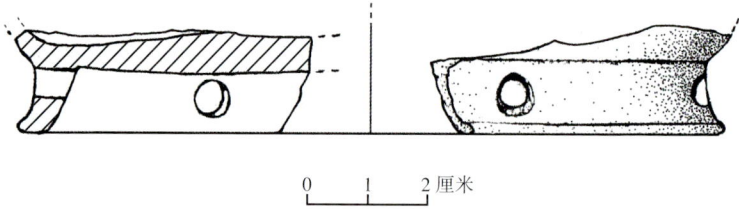

圈足 85PKT403⑥

新石器时代

底径 11.8、残高 1.8 厘米

黑陶，胎细腻。残存的圈足有 2 个镂孔，孔径 0.7 厘米。圈足外底中间低，两侧高，略向外凸起。圈足外撇，略卷起。镂孔紧贴着圈足与腹连接处，孔相距 2.6 厘米。上部残。

器底 85PKT404⑤

新石器时代

底径6.7、残高2.4厘米

残存下腹部与底。泥质黑陶，胎细腻，呈灰黑色。喇叭形足，平底中心内凹。底内边缘凹凸不平，似人为修整成现存的状态，下腹部斜直，内底较平。

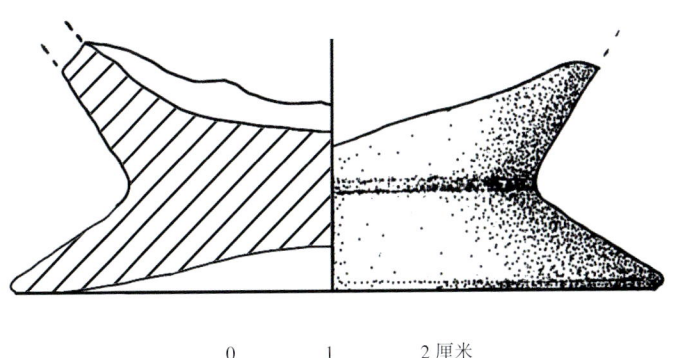

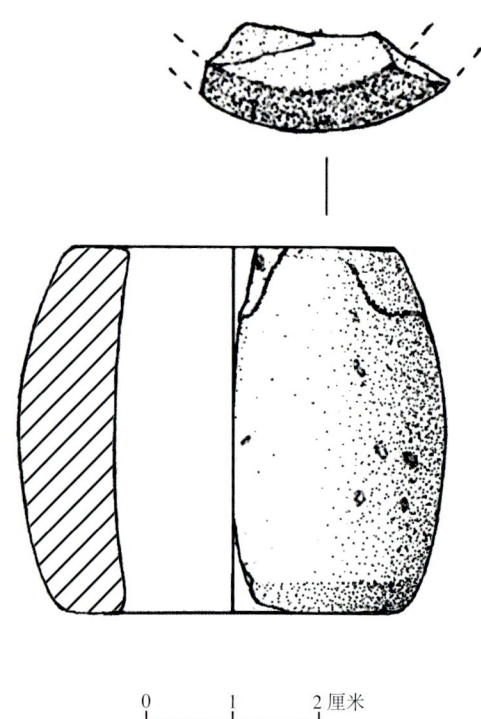

0　　1　　2厘米

网坠 85PKT704⑤:12

新石器时代

高 4.1、残宽 2.8、厚 1 厘米

夹粗砂，胎灰色，较致密，质地较硬，残存不足四分之一。外表灰褐色，弧形，中部较两端略鼓。中间是穿孔，孔壁斜直略弧，直径约 2 厘米。孔壁可见穿孔时旋转的痕迹。

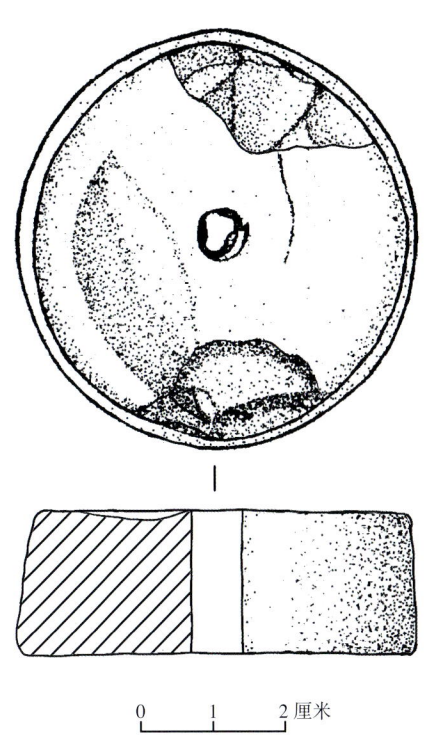

纺轮 85PKT605⑤A:5

新石器时代

顶部直径5.15、底部直径5.6、孔径0.6、厚1.9厘米

圆饼状，平面成圆形，上部略小，横截面略成梯形。灰色夹粗砂，质地坚硬，胎深灰色，质地坚硬。顶面与底面皆不平，穿孔位于中心，单面钻成，可见用半圆形的工具分3次钻成，痕迹明显。

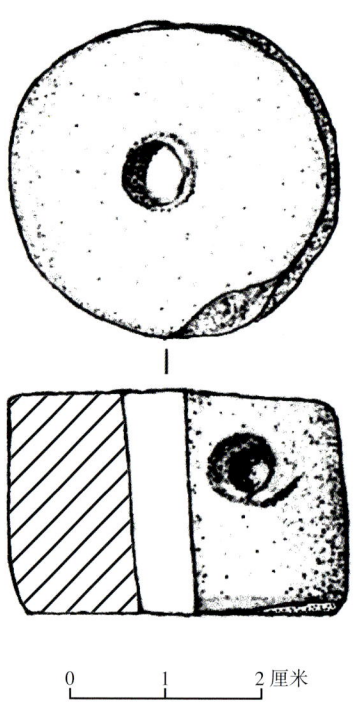

纺轮 85PKH23:2

新石器时代

直径 3.5、厚 2.3 厘米

夹细砂，胎灰色，质地坚硬。圆饼状，平面为不规则圆形，上下皆平。手捏制后烧成，边缘可见明显的捏痕，中部1圆孔，单面钻成，斜直通向另一面。侧面戳一孔，椭圆形。

陶 器 177

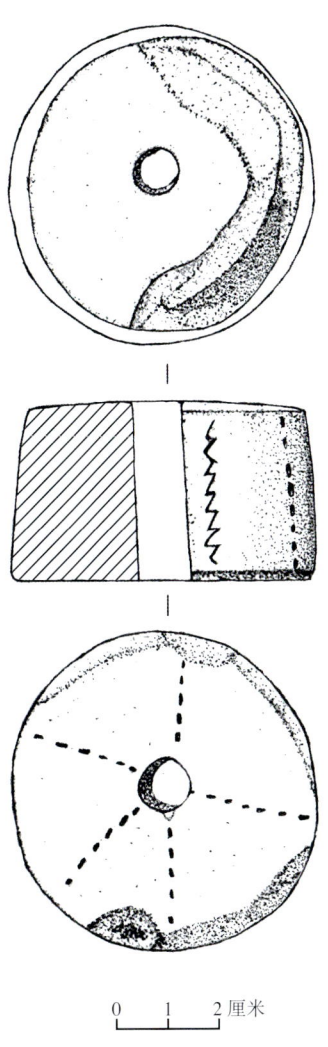

纺轮 85PKT502②：8

新石器时代

顶部直径5、底部直径5.8、中心孔径0.9、厚3.4厘米

夹细砂灰陶，胎灰色，致密，质地坚硬。平面呈圆形，上小下大，上下皆平。顶面略拱，横截面呈梯形。纺轮侧面饰刻划"Z"形纹与竖向戳点纹组合纹饰，互相错开共10列。底面以圆孔为中心，散射状戳印5道点纹。中心圆孔单面钻成，略斜。

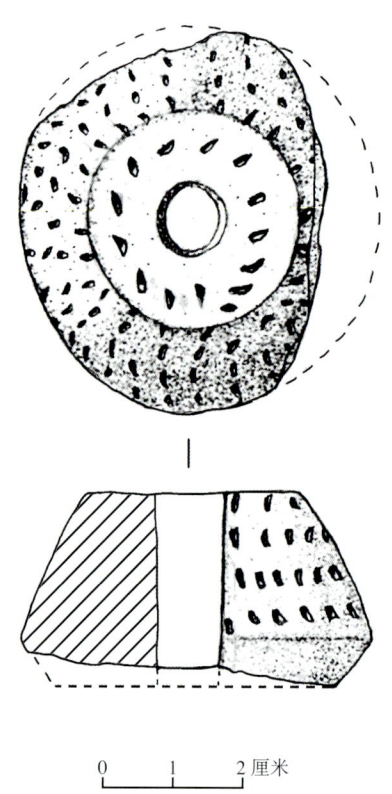

纺轮 85PKT501⑤：3

新石器时代

最大直径 5.1、顶面直径 3、残厚 2.7 厘米

灰色，夹粗砂，胎质疏松，呈片状节理。平面呈圆形。下部残，表面经抹光，平整。侧面1周及顶面戳印卵形或长方形的点纹，排列规整，侧面共4排，顶面一圈。穿孔位于中心，规整，单面钻成。

纺轮 85PKT305②：4

新石器时代
最大直径 4.9、厚 2、孔径 0.8～1 厘米

胎灰色，夹细砂。质地致密、较坚硬。整体呈圆饼状，残存一半。横截面为上小下大的梯形，穿孔位于中间，单面钻，上小下大，孔壁光滑平整。底面不平，孔周围有较大的凹坑。

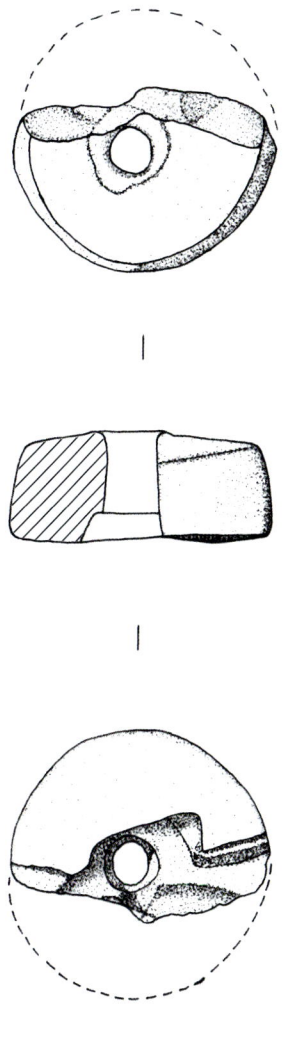

 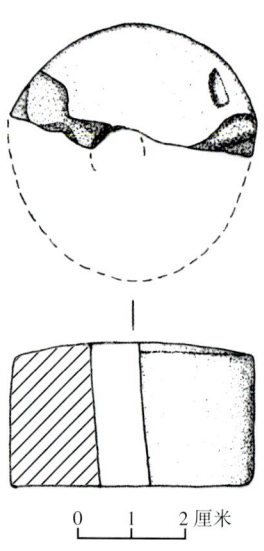

纺轮 85PKT704 ⑤ : 10

新石器时代

直径 4.8、厚 2.4～2.6、孔径约 0.9 厘米

夹粗砂红陶，胎灰色，质地疏松、坚硬。圆饼状，平面呈较不规则的圆形，横截面呈圆角长方形，残存一小半。顶略弧，有一小凹坑。底面略大，平坦。穿孔位于中间略偏左，斜直通向底面。

纺轮 85PKT704⑤：9

新石器时代

外径 5.5、厚 2.3、孔径 0.6 厘米

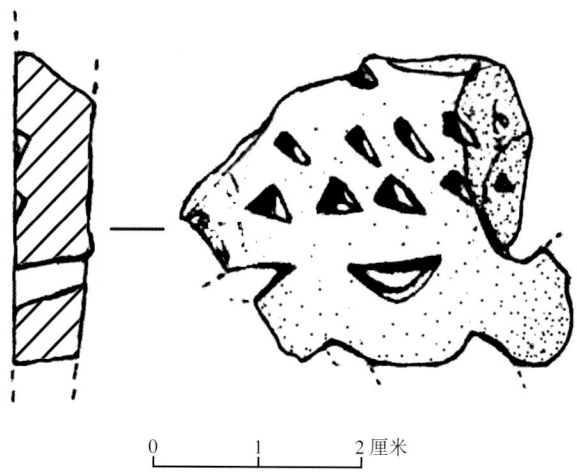

戳印三角镂孔腹片 85PKT408⑤

新石器时代
厚 0.7 厘米

泥质红陶，内外显浅红色。胎灰黑色，细腻，陶片较坚硬。外壁上部戳印处三角形纹饰，共11个，下部残存3个三角形镂孔，中间的完整，两旁的残缺，下方呈椭圆形镂孔。镂孔皆单向钻成。

陶 器 183

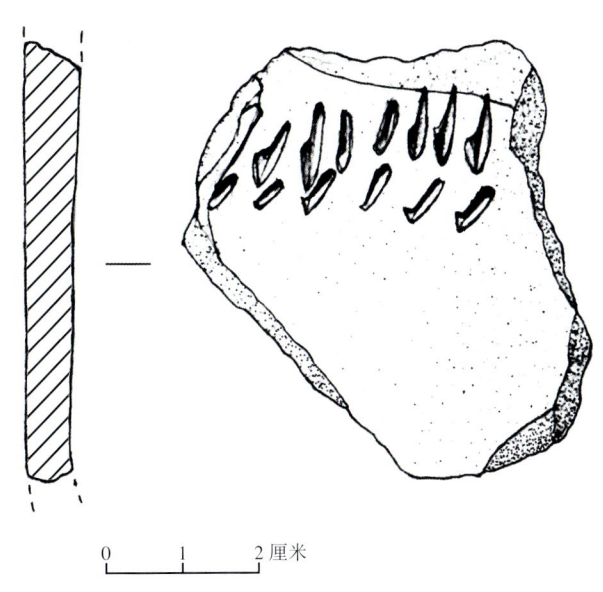

戳印纹腹片 85PKT506⑤

新石器时代

　　胎灰黑色，夹细砂，质地较坚硬。外壁浅红色，内壁灰色。外表戳印两排钩状的长条形纹饰，上排竖向，下排斜向。陶片内、外壁都有慢轮修整的弦纹痕迹，内壁还有指纹残留。

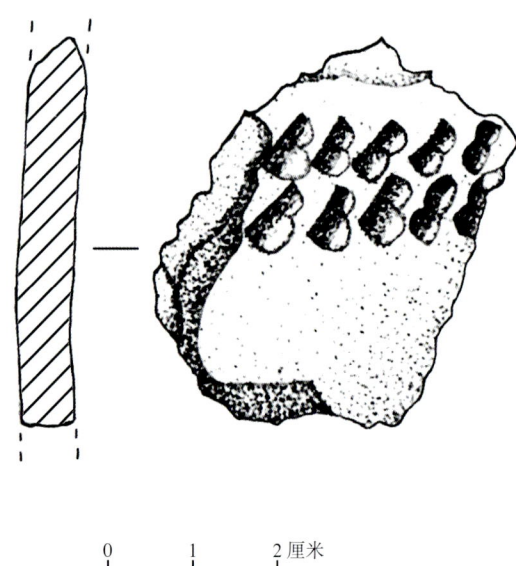

0 1 2 厘米

戳印纹腹片 85PKT405⑤

新石器时代

夹粗砂，灰黄色陶，胎深灰色，疏松，呈片状，较坚硬。陶片上部有两行排列规整的斜"8"形戳印纹，印纹最深处达 0.2 厘米。

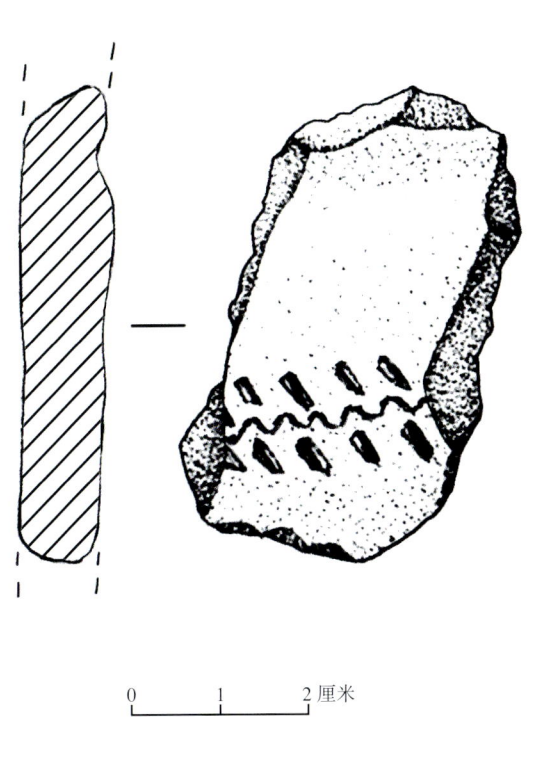

戳印纹腹片　85PKT701 ⑤

新石器时代

夹粗砂，黄红色陶，胎浅灰色，疏松呈片状，较坚硬。陶片下部有 2 行排列规整的戳印纹，根据纹饰形状推测，戳印工具应为扁圆状，印纹最深处 0.2 厘米，2 行戳印纹中间饰 1 条贝齿压印纹。

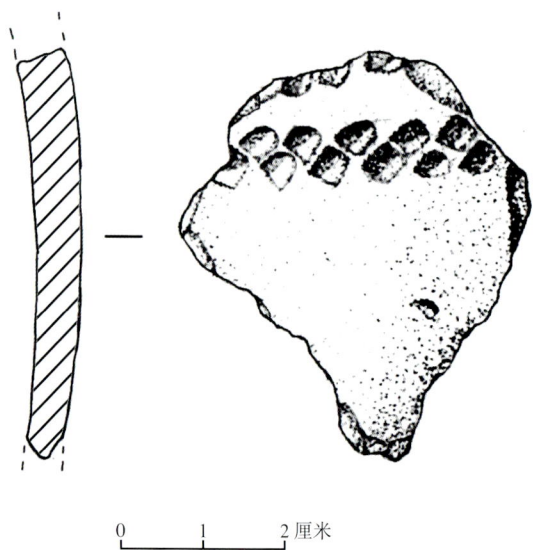

0 1 2厘米

戳印纹腹片 85PKT604⑤

新石器时代

夹粗砂灰黄陶，质地较坚硬。陶片饰排列整齐的方形戳点纹，戳点最深达0.2厘米。顶端分布1行残破方形戳点纹。上部紧凑排列2行方形戳点纹。

戳印纹腹片 85PKT605⑤

新石器时代

夹粗砂灰黄色陶，胎深灰色，疏松呈片状，质地较坚硬。残片中部饰戳印纹一行，撇状。印纹起深而收浅，最深处达 0.3 厘米。

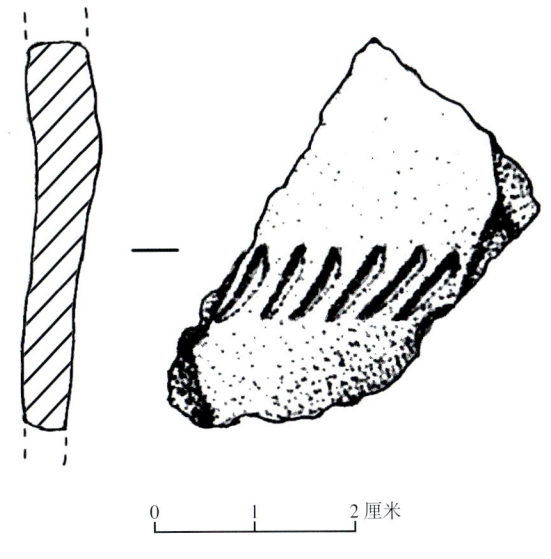

戳印纹腹片 2004T505SE D 层
新石器时代

戳印纹腹片 85PKH18
新石器时代

戳印纹腹片　85PKT609④A∶8

新石器时代

戳印纹腹片

85PKT405④A∶7

新石器时代

戳印纹腹片 85PKT706⑤
新石器时代

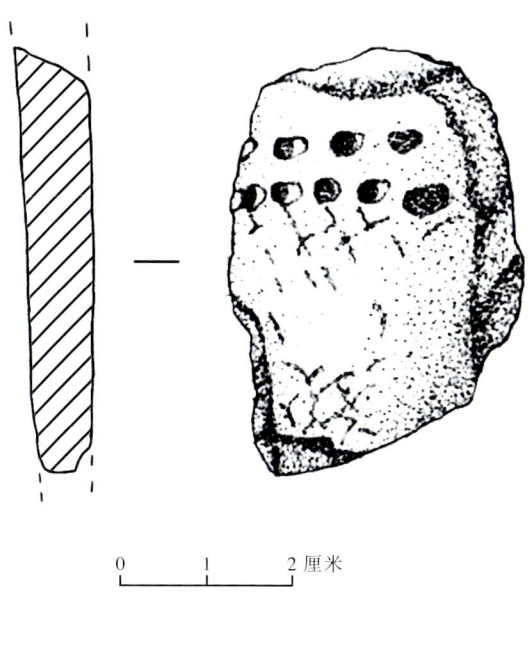

戳印纹腹片　85PKT607⑤

新石器时代

夹粗砂红陶，胎深灰色，疏松，呈片状，质地坚硬。整体饰模糊的压印纹，残片上部较整齐排列 2 行椭圆形戳点纹，戳点纹最深处达 0.3 厘米。

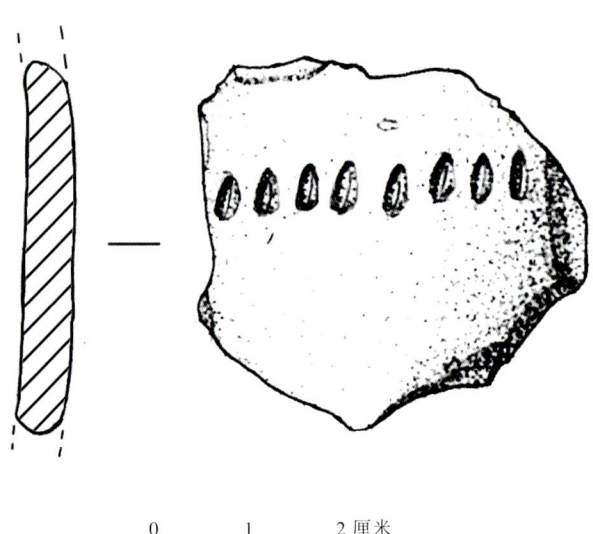

压印纹腹片 85PKT406⑤

新石器时代

夹粗砂灰黄色陶，胎灰黑色，疏松呈片状，质地较坚硬。饰压印谷壳纹。

贝齿压印纹腹片 85PKT608⑤：4

新石器时代

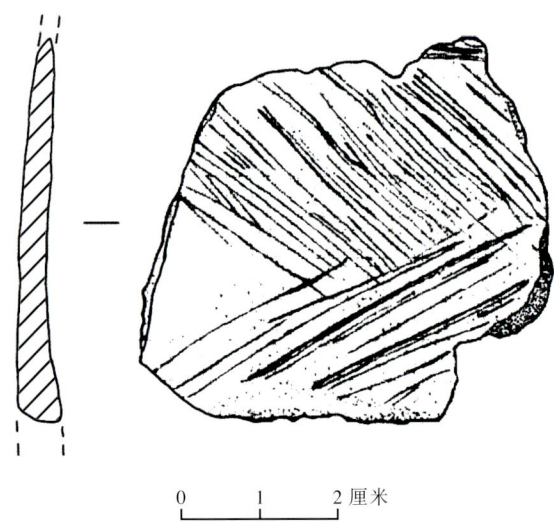

刻划纹腹片 85PKT606⑤

新石器时代

夹粗砂灰陶，胎深灰色，质地较坚硬。外壁灰色，内壁褐色。外壁刻划细细的条纹，方向相互相反至中部有交错。胎薄，内壁无纹饰。

交错刻划纹腹片　85PKT404 ④ A

新石器时代

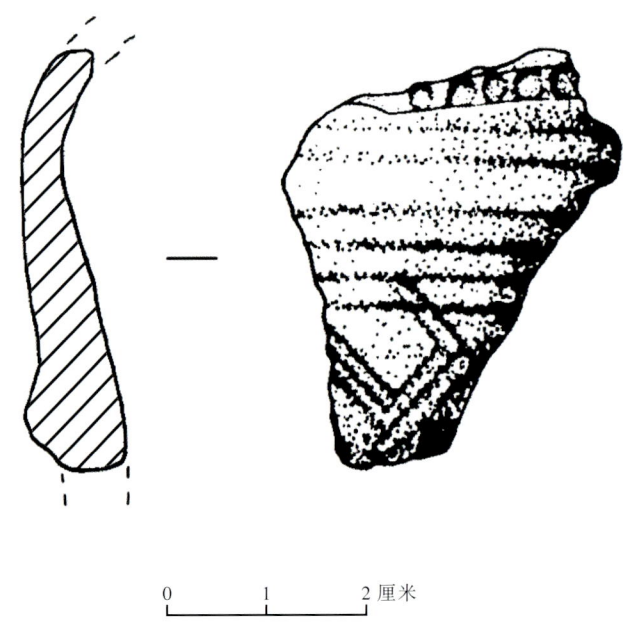

0 1 2 厘米

复合纹饰腹片 85PKT403⑥

新石器时代

夹粗砂，浅褐色陶片，胎浅褐色，疏松，质地较坚硬。外壁为戳印圆点纹与刻划条纹组合纹饰。刻划纹有平行与网格状，残留 5 个圆点。

贝齿、刻划纹腹片 85PKT606⑤，K27956
新石器时代

绳纹腹片 85PKT404⑤
新石器时代

施红衣腹片 85PKT305⑤
新石器时代

陶胎片状层理结构

新石器时代

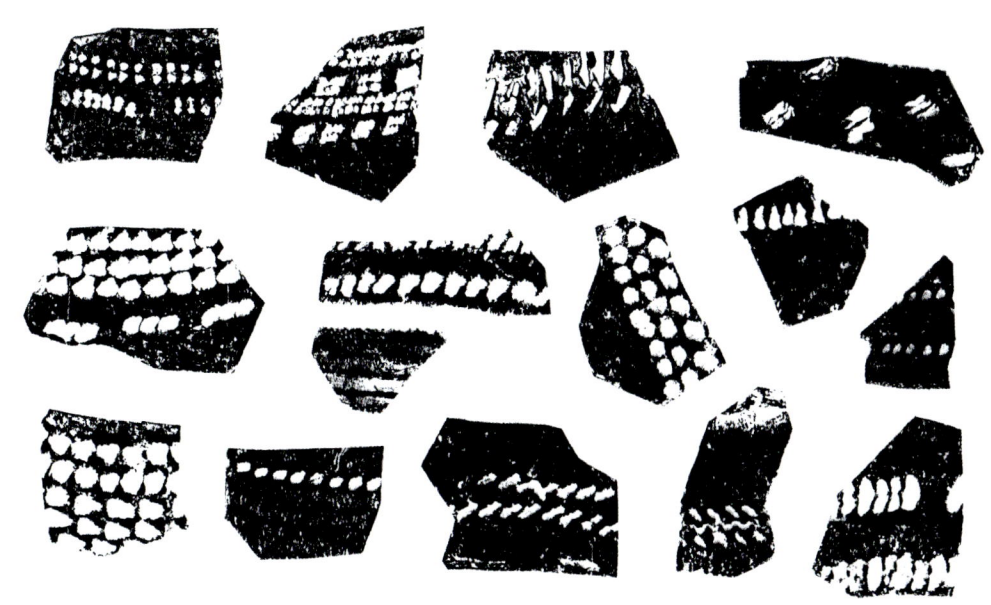

戳点纹拓片

新石器时代

刻划纹拓片

新石器时代

刻划纹及复合纹饰拓片
新石器时代

麻点纹、绳纹、条纹与网格纹拓片
新石器时代

壳丘头遗址

除上述新石器时代的壳丘头文化遗存外，
还存在青铜时代、
历史时期的人类活动遗存，
以下部分对此类遗存作简单介绍。

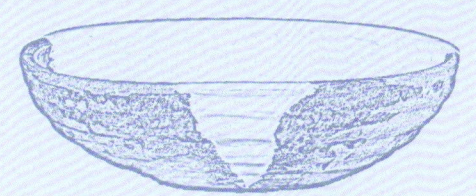

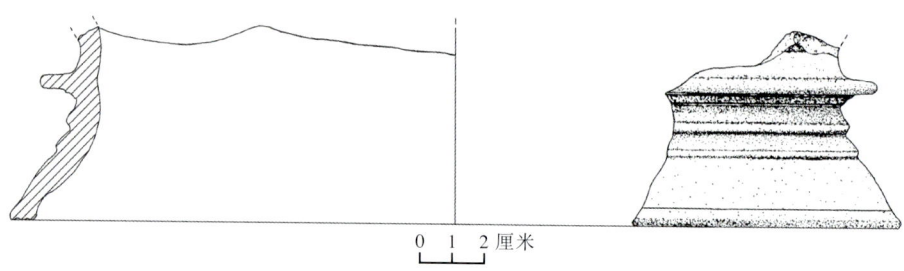

尊（底部） 佚号

青铜时代
底径 26.7、残高 5.7 厘米

  泥质陶，胎灰色，质地致密，内外壁皆灰色，火候高。底腹连接处有 1 周大而凸起的棱，足部有 2 道较窄的凸棱，凸棱之间还有 2 道凹弦纹。圈足底缘平，刻划出 2 道凹弦纹。圈足略呈喇叭形，近底部内凹。

陶 器 203

尊（口沿） 佚号

青铜时代

口径 18.2、残高 6.6 厘米

泥质陶，胎灰色，致密细腻。敞口，方圆唇，斜弧腹，口沿下方有 1 周凸棱，凸棱缘较尖圆。腹部拍印规整的云雷纹，纹饰清晰。口沿唇面正中刮出 1 周凹弦纹。

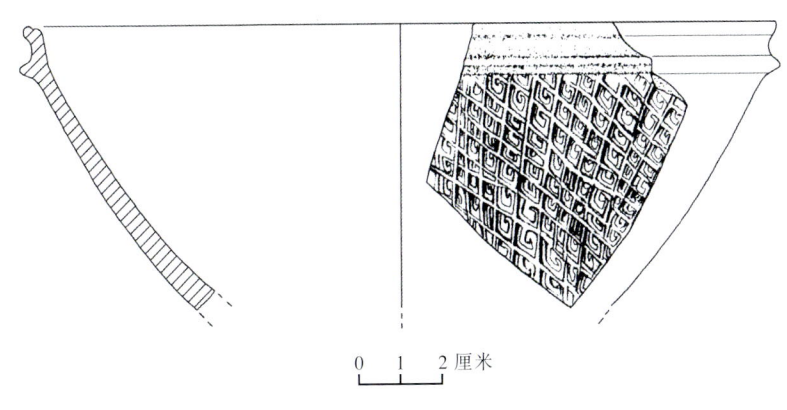

204　平潭壳丘头遗址图录

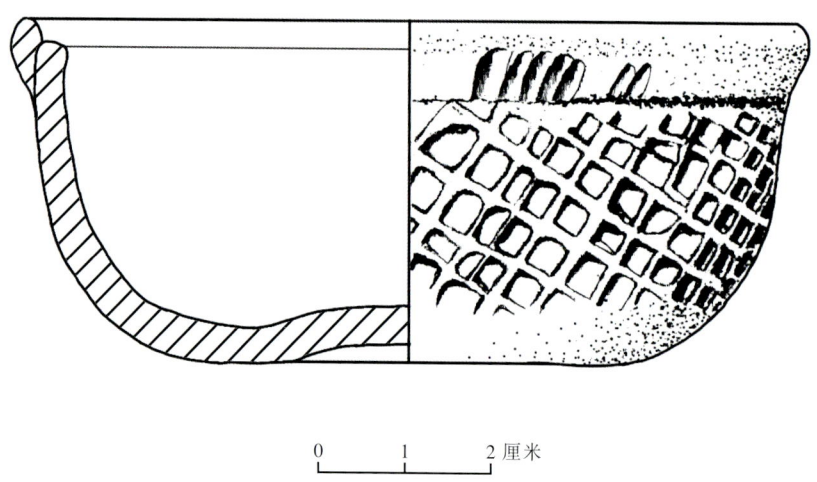

0　　1　　2厘米

小盅 佚号

青铜时代
口径8.9、高3.8厘米

　　胎灰色，细腻而致密，偶见夹沙砾，质地坚硬。烧成火候高，可见黑褐色釉斑。直口，圆唇，鼓腹，凹圜底，底中心向内凹。腹部拍印粗大的方格纹，较规整。该盅口沿经过修补，在原来的口沿上贴筑了新口沿，并按压加固，留有明显的痕迹。加筑之前的口沿为直口方圆唇。

陶片 佚号

青铜时代

陶片 佚号

青铜时代

云雷纹陶片 佚号

青铜时代

黑衣陶 85PKT404④A
青铜时代

黑衣陶 佚号
青铜时代

云雷纹器底 佚号

青铜时代

网格纹器底 佚号

青铜时代

网格纹印纹硬陶 佚号

青铜时代

网格纹印纹硬陶 佚号

青铜时代

菱形填点纹印纹硬陶 佚号

青铜时代

方格纹印纹硬陶 佚号

青铜时代

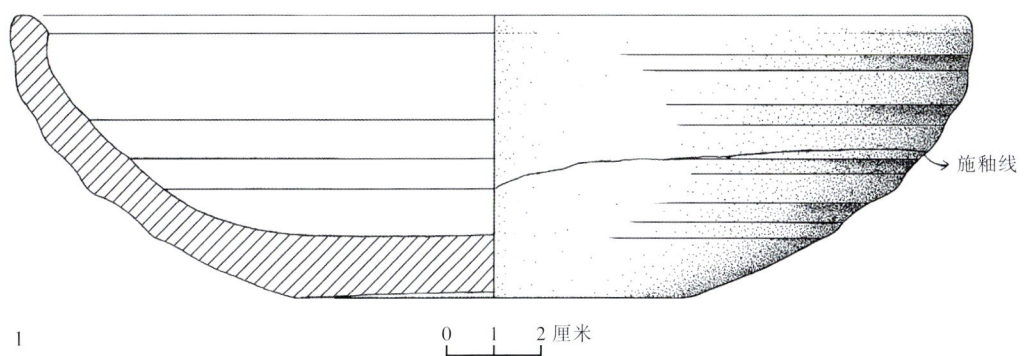

青瓷钵 85PKT408④A∶1

南朝—初唐

口径20、高3.8、底径8.2厘米

胎灰色，致密坚硬。敛口，圆唇，弧腹，平底略凹。钵内外均有轮制产生的粗弦纹，施青釉至腹中部，其下未施釉。釉色墨绿，有光泽，触手光滑，但脱落现象严重。碗内平，底宽大，外底有线切割坯产生的旋痕，内底残存7个支钉印痕，支钉较大，呈长方形或梯形。外壁露胎呈红褐色。

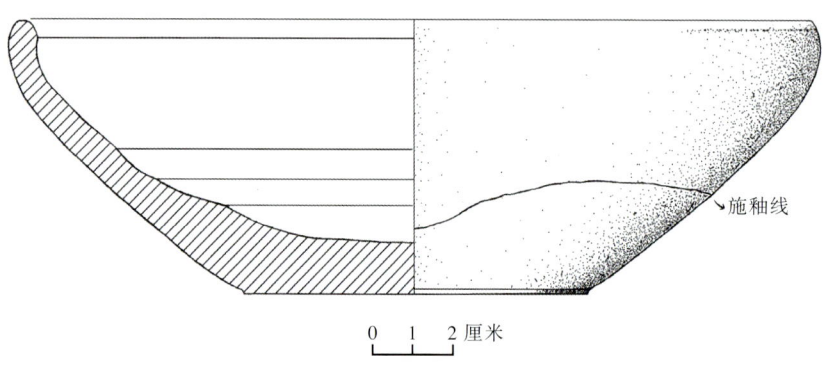

施釉线

青瓷钵 85PKT408④A:2

南朝—初唐

口径 18.4、高 8.4、底径 6.4 厘米

胎灰色，致密坚硬。敛口，圆唇，斜弧腹，平底、薄饼状，高 0.1 厘米。内外施青釉，釉色墨绿，外壁上半部施釉。内壁有 3 道轮制弦纹。

陶 器　213

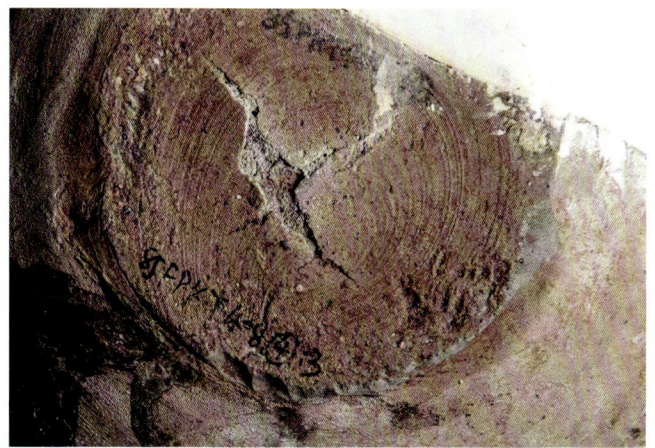

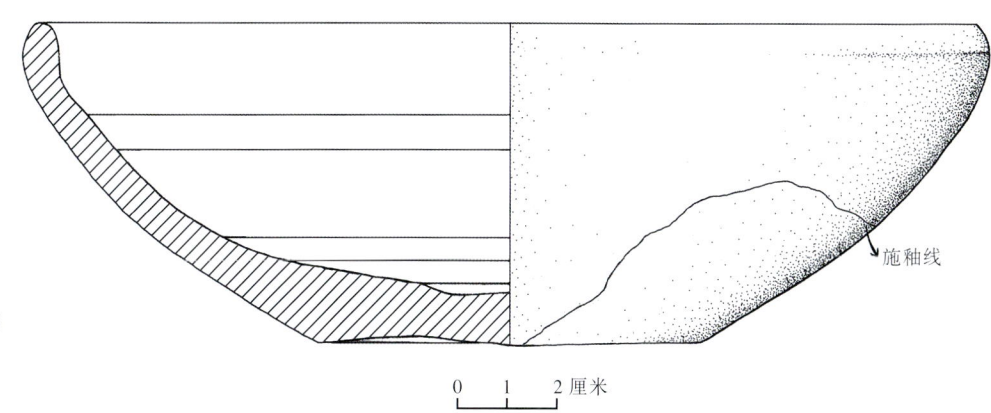

青瓷钵 85PKT408 ④ A : 3

南朝—初唐
口径 19.2、底径 7.6 厘米

胎灰色，致密坚硬。敛口，圆唇，斜弧腹，平底略凹，中部凸起，略高。内外施青釉，釉色墨绿，施釉不及底。内壁有四道轮制弦纹，内底中心有一直径 3.4 厘米的凹窝，残存 5 个支钉。外底有线切割的旋痕。

人类骨骼

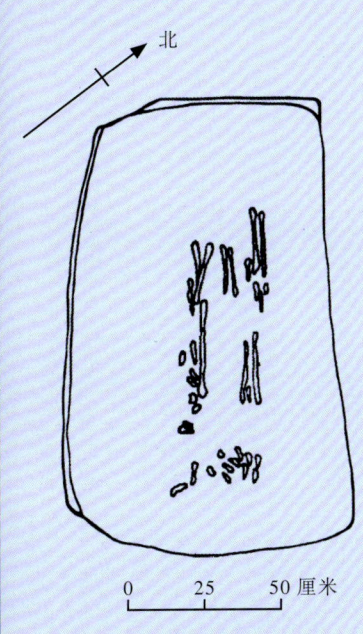

85PKM1 平面图

　　据 1985 年发掘，壳丘头遗址揭露出一座残缺不全的墓葬，编号为 85PKM1。该墓葬位于遗址东南侧，为竖穴土坑墓，距地表 142 厘米，坑较浅，仅有 12 厘米。墓平面略呈长方形，长 105 厘米，宽 93 厘米，方向为东南 150°，仰身直肢葬。人骨大多已经遭受破坏，剩余的部分仅是少量颅骨残片、若干残破肢骨和肋骨。从简报发表的墓葬图分析，可能是经过人为扰动的二次葬，由于发掘时未能及时编号，且后来人骨全体混装，给整理鉴定带来诸多困扰与不便。人骨残缺破碎，骨骼表面多数呈淡棕黄色，部分呈淡黄色，骨骼表面部分比较光滑，部分有腐蚀现象。所有材料经尤玉柱、李匡悌教授初步鉴定，应属于 3 个未成年女性个体，分属于两个幼女个体和一个少女个体。本图录就两个幼女个体和一个少女个体的破碎骨骼分别编号为幼女 A、幼女 B 和少女 C。

　　幼女 A，保存的遗骸皆残破，总计有颅骨、圜椎、胸椎棘突、肋骨、肱骨、尺骨、掌骨、股骨、胫骨，另外还有一截骨干，具体部位不详。

　　幼女 B，保存部分骨骼，计有锁骨、肋骨、肱骨、股骨、胫骨、腓骨。

　　少女 C，保存最差，只保存两对股骨和胫骨。

颅骨（幼女 A）

圜椎（幼女 A）

胸椎棘突（幼女 A）

肋骨（幼女 A）

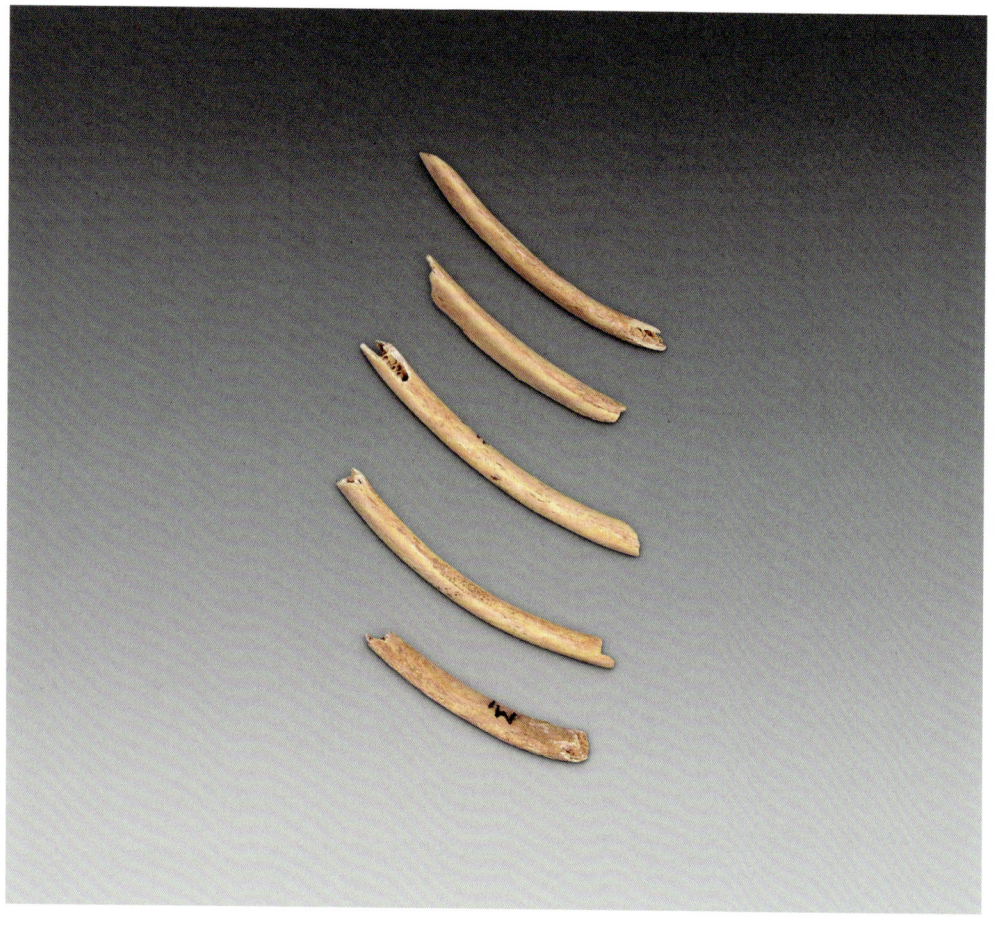

肋骨（幼女 A）

肱骨右侧远端（幼女 A）

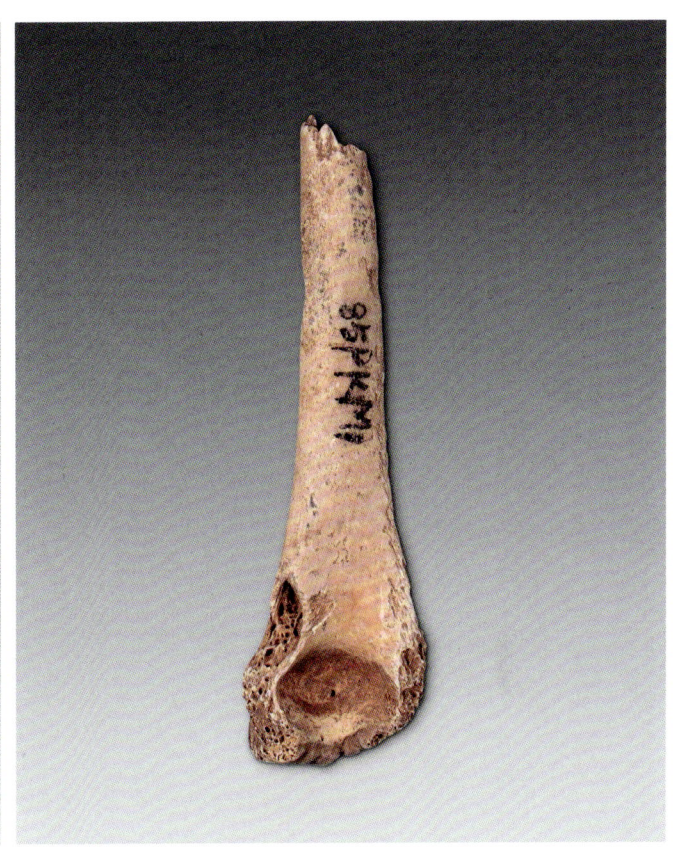

肱骨骨干（幼女 A）

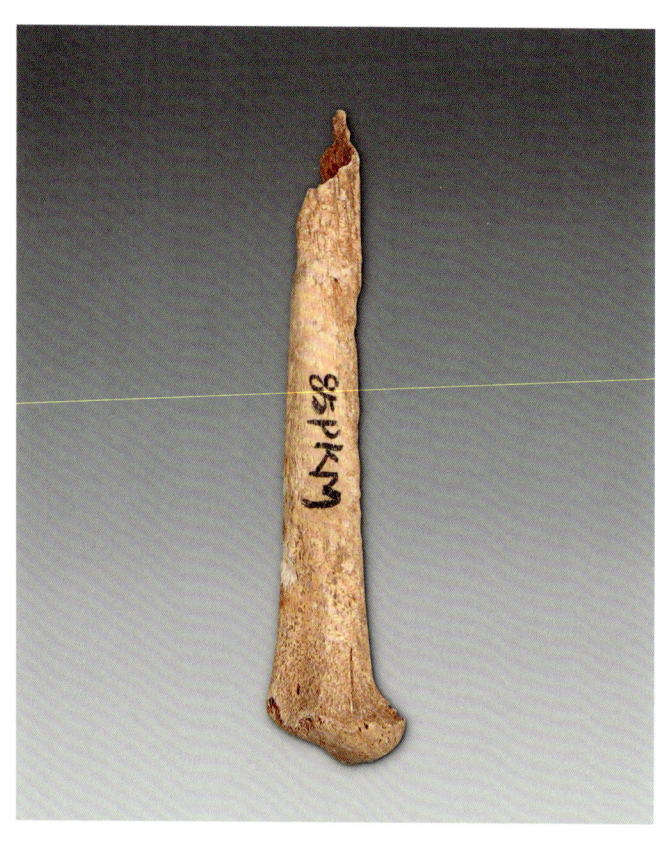

尺骨右侧远端（幼女 A）

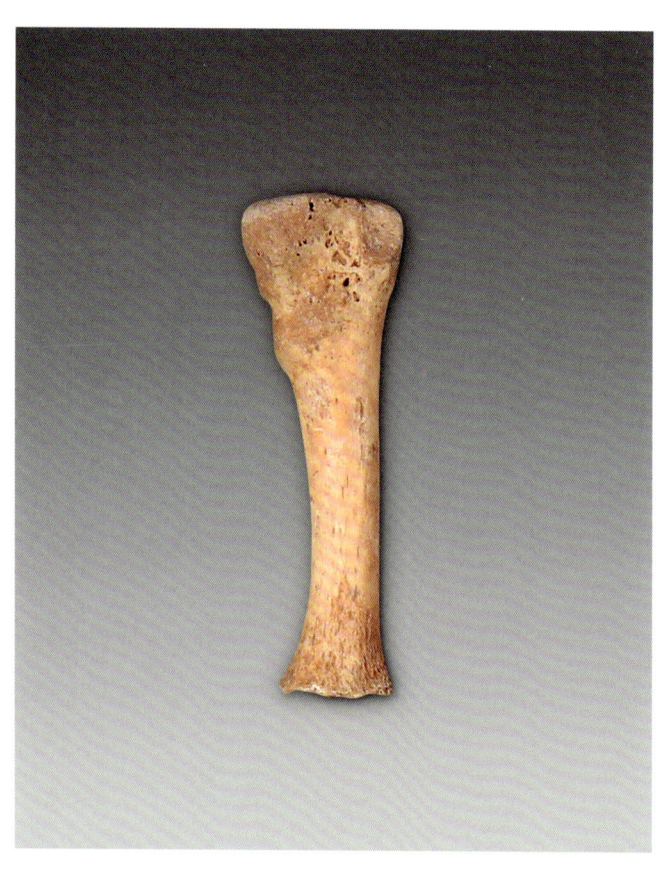

第二掌骨（幼女 A）

股骨左侧近端（幼女 A）

胫骨左侧（幼女 A）

胫骨右侧（幼女 A）

骨干（幼女 A）

锁骨左侧（幼女 B）

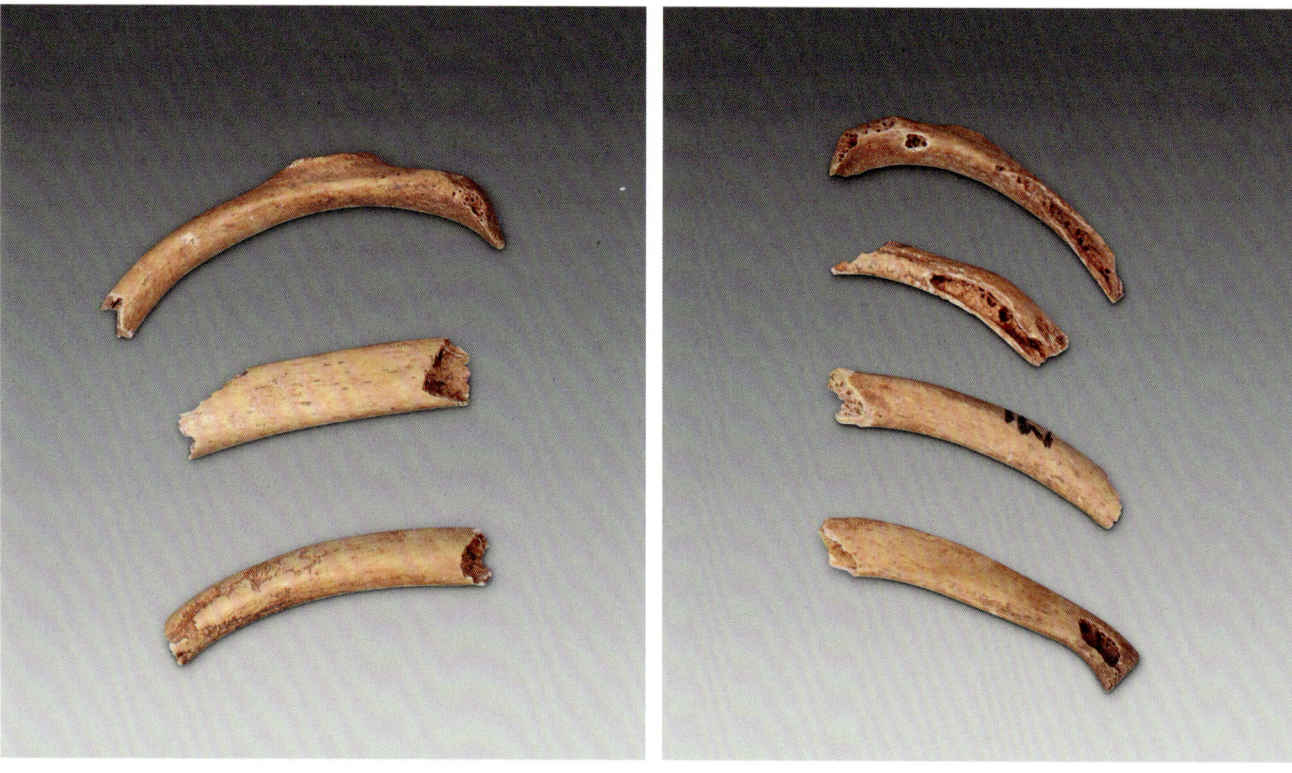

肋骨（幼女 B）

肱骨右侧远端(幼女B)

肱骨左侧近端(幼女B)

股骨骨干(幼女B)

股骨骨干（幼女B）　　　　　　　腓骨（幼女B）

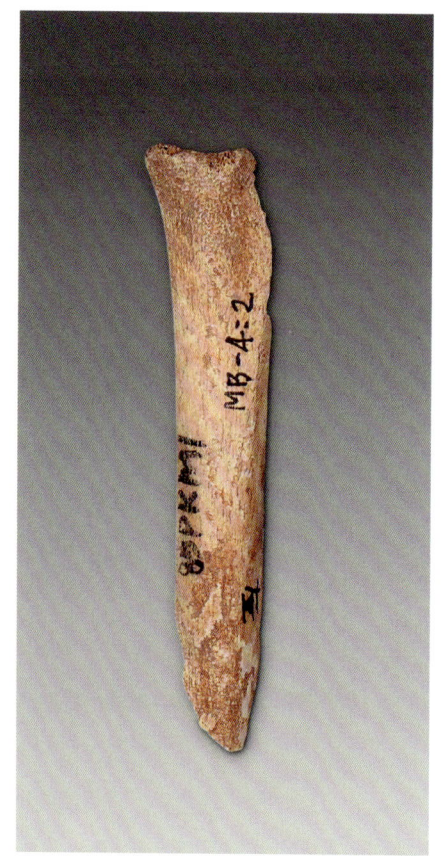  

胫骨左侧近端（幼女B）　　胫骨右侧近端（幼女B）　　胫骨骨干（幼女B）

股骨左侧（少女C）

股骨右侧（少女C）

胫骨左侧（少女C）

胫骨右侧近端（少女C）

动物骨骼和贝壳类

壳丘头遗址经过1985年和2004年两次考古发掘,出土大量动物肢骨、牙齿及鹿角等,大多分布在5层贝壳堆积中,分为陆生动物类和水生生物类。陆生动物包括鹿、赤鹿、麂、水牛和野猪;水生生物包括龟、海洋鱼类和贝壳类,其中海贝种类多达19种。

　　遗址地处海岛,水生资源极为丰富,从考古出土的动物标本还原的动物群可推测当时的生态环境:山上有茂林,岛上遍布阔叶林,植被茂盛,蕨类等草本植物及灌木广泛生长。壳丘头先民们在海岸低地定居,营建干栏式房屋,以采集、狩猎和海洋捕捞为主要生计方式。他们选用竹、木、骨、石等材料,制作各种工具,如砍砸器、刮削器、石刀、石球、凹石、石砧、骨镞、骨匕等。他们奔跑狩猎,围捕动物,烧烤食肉,捕鱼采贝,食山珍海味,利用泥蚶在陶器上戳印纹饰,创造出具有浓郁海岛风格的文化。

鹿角柄带部分头骨 85PKH8:4

新石器时代

鹿左角 85PKT403⑤

新石器时代

鹿右角柄带少量头骨 85PKT607⑤：15

新石器时代

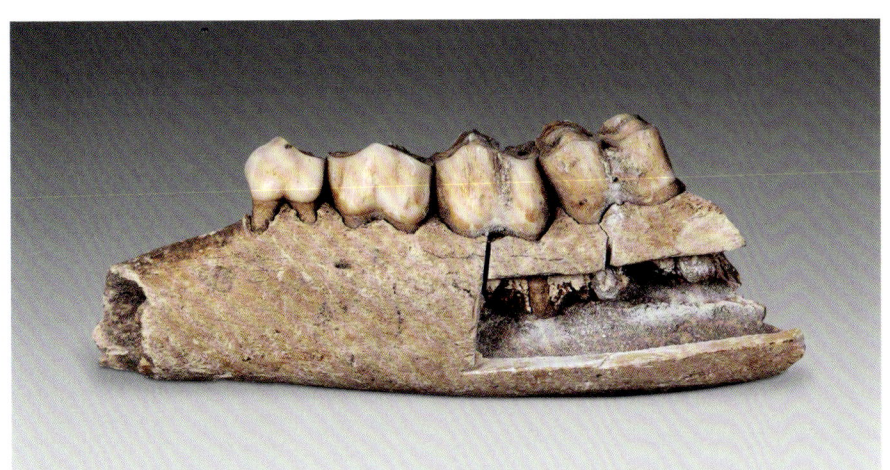

鹿左下颌骨 85PKT607⑤：13

新石器时代

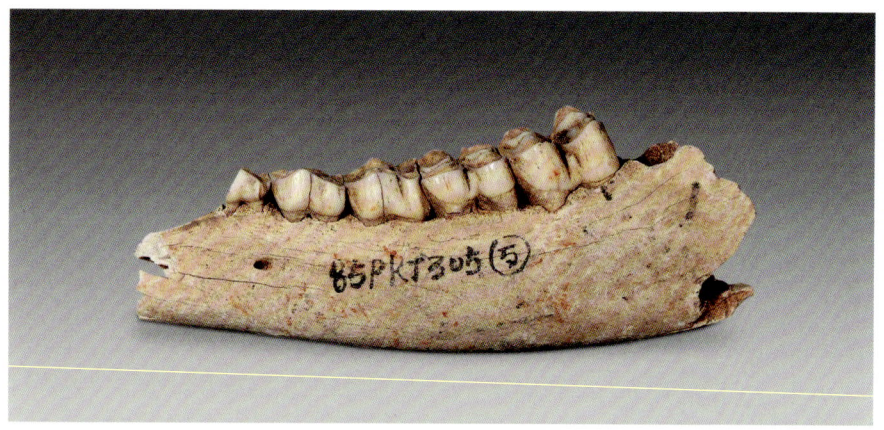

鹿左下颌骨 85PKT305⑤

新石器时代

鹿左下颌骨 85PKT405⑤:10

新石器时代

动物骨骼和贝壳类 231

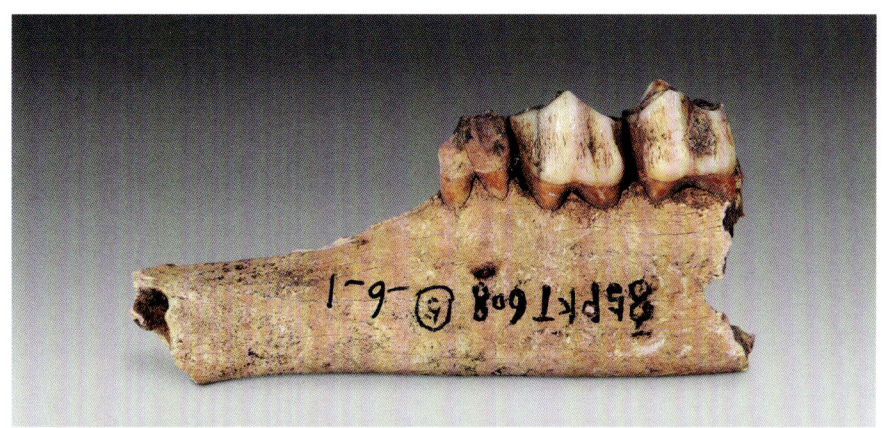

鹿左下颌骨 85PKT608⑤：6
新石器时代

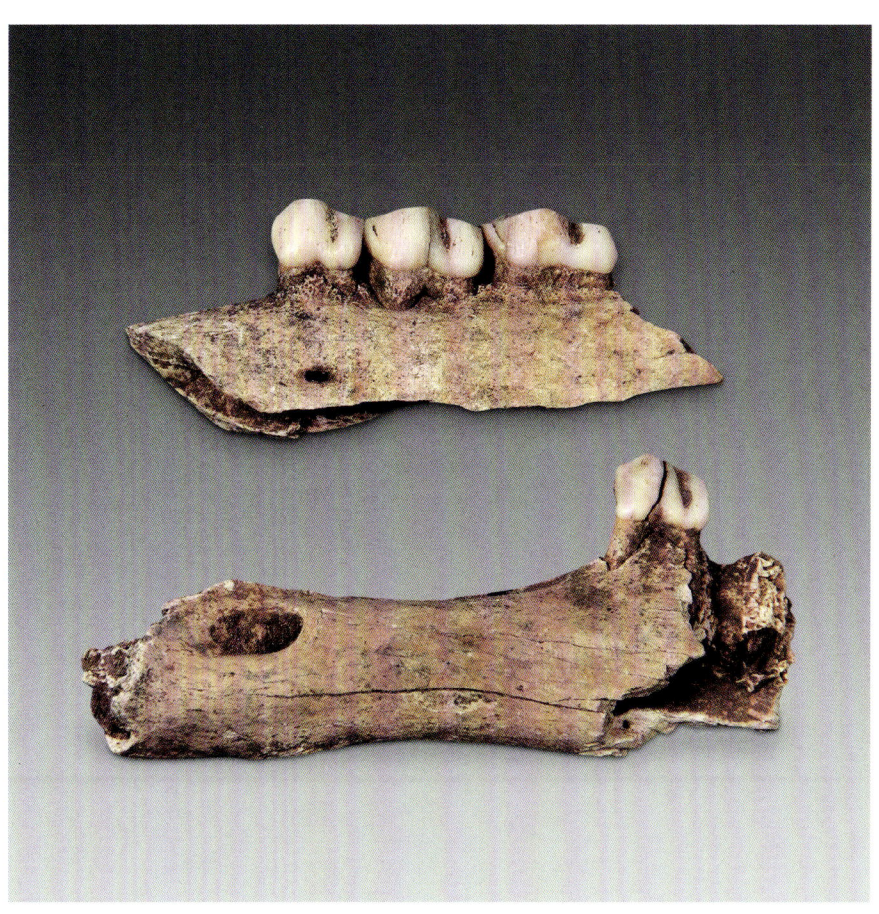

鹿下颌骨 85PK⑤层
新石器时代

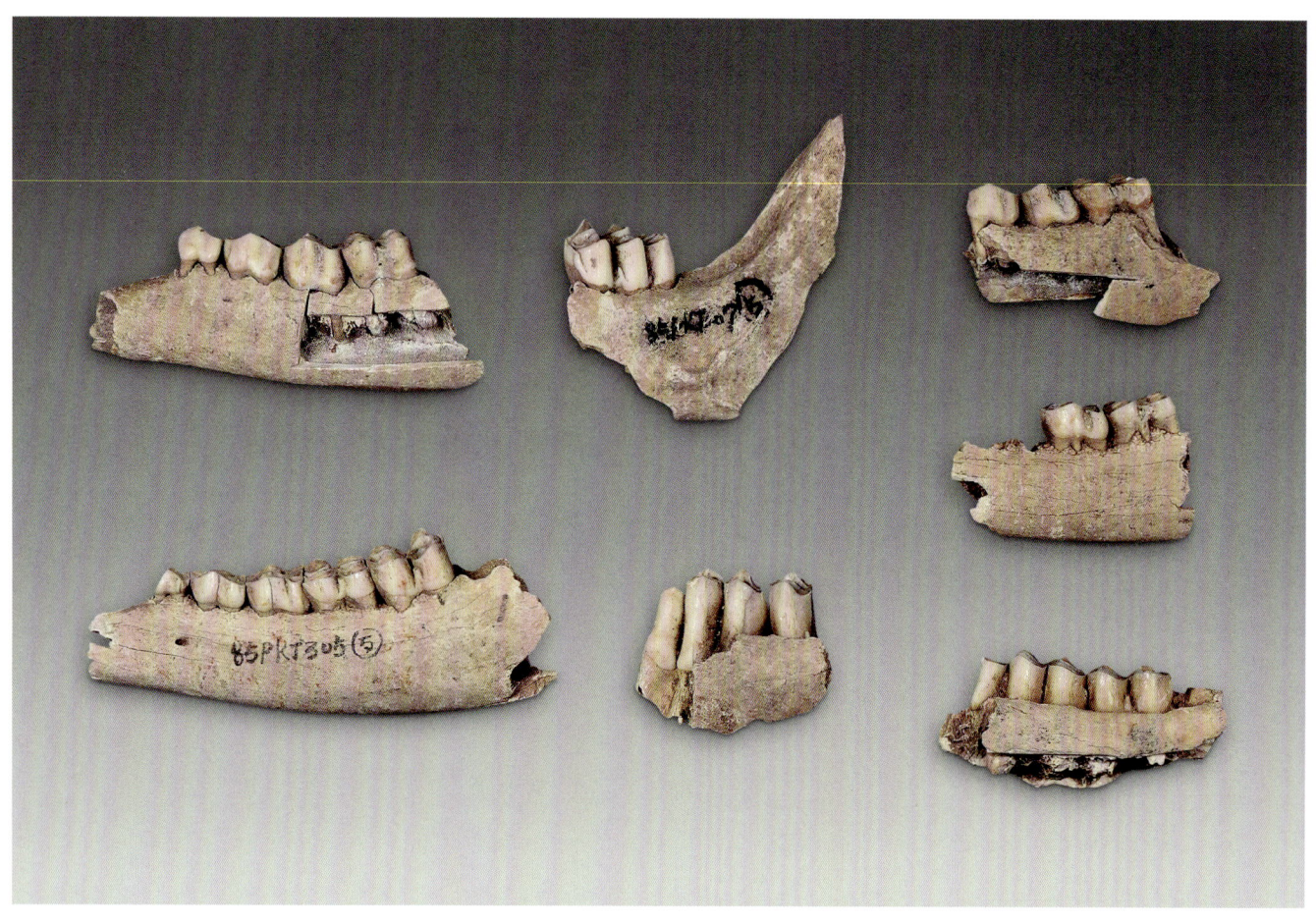

鹿下颌骨 85PK⑤层

新石器时代

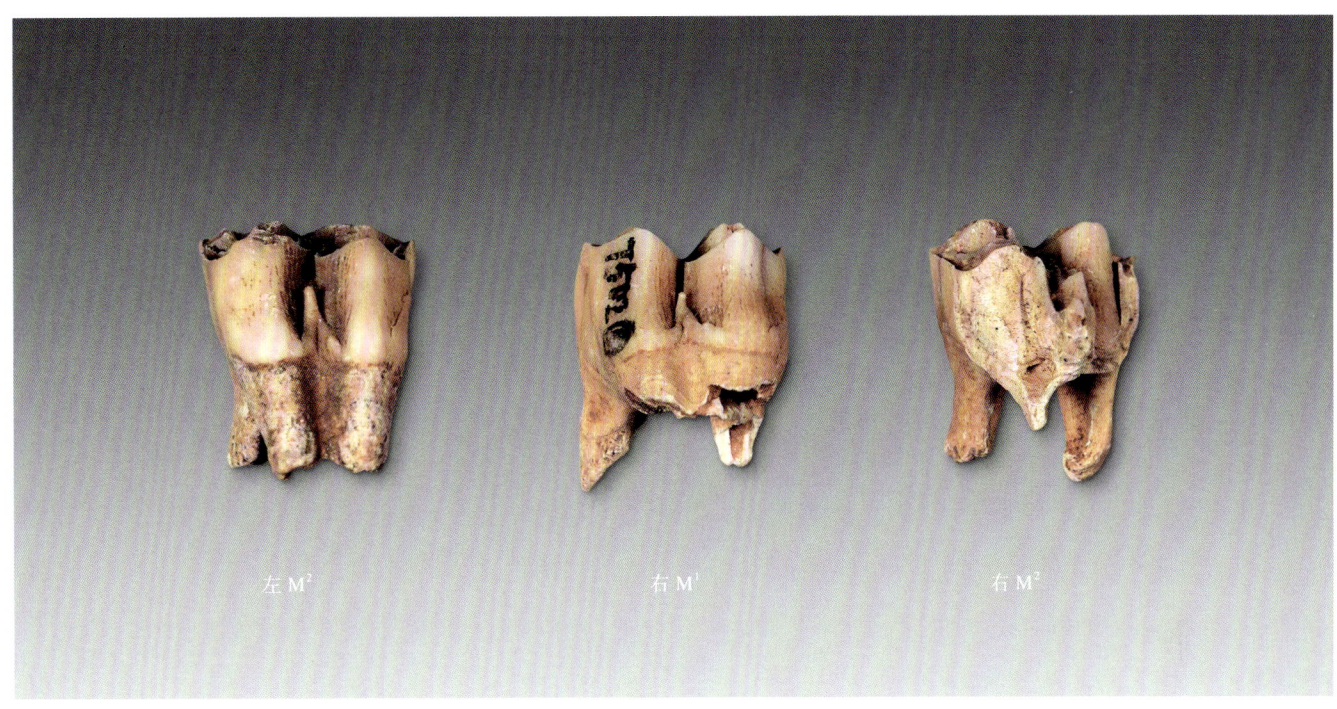

鹿牙 85PKT502⑤：6

新石器时代

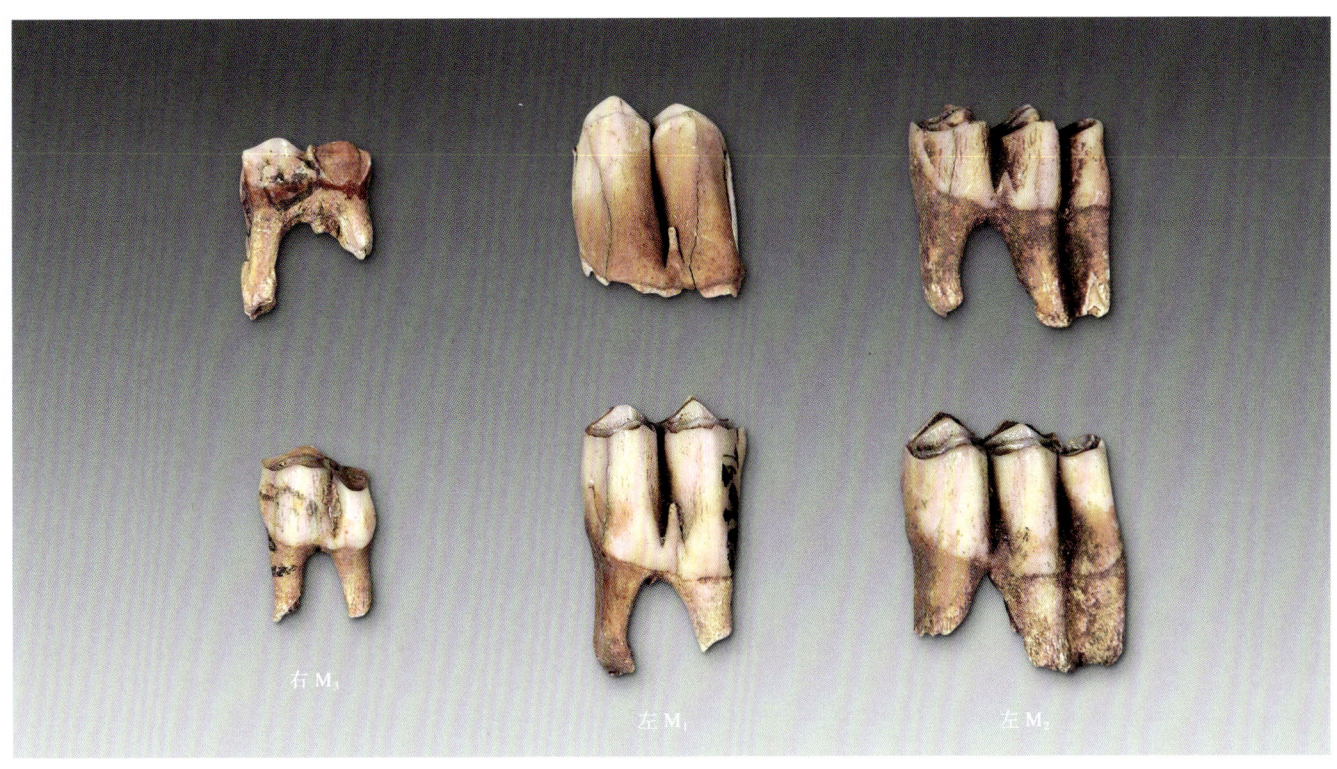

鹿牙 85PKT607⑤：13

新石器时代

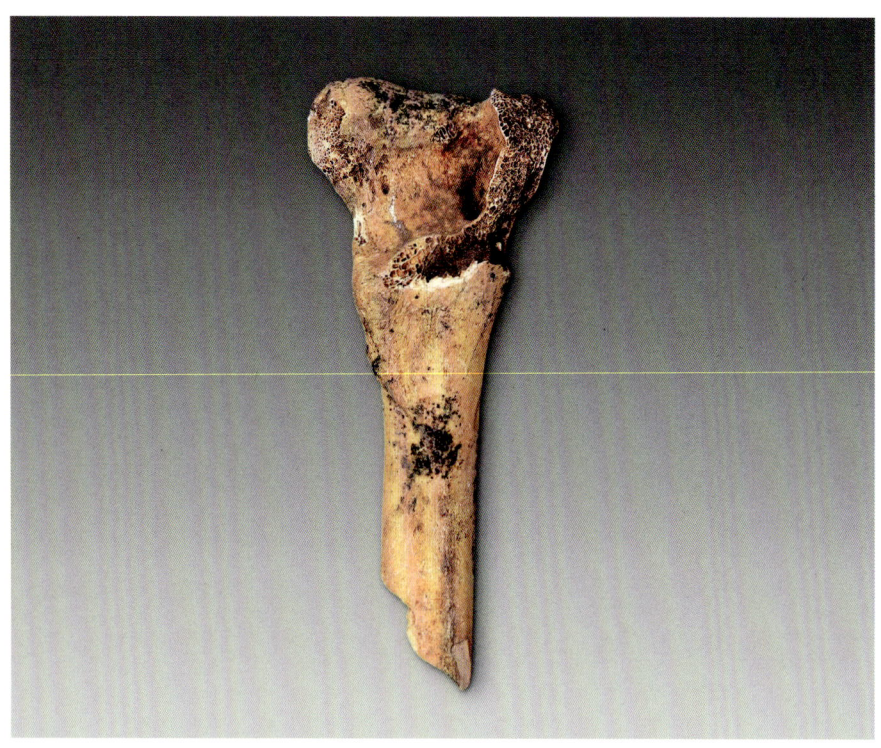

鹿右股骨近端 85PKT404④A

新石器时代

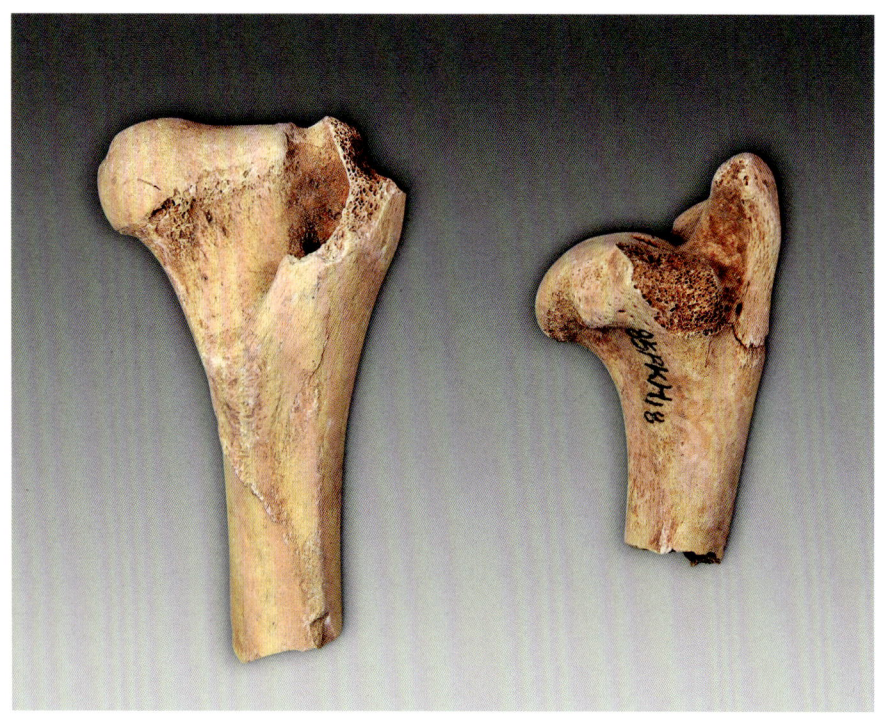

鹿股骨近端 85PKTH18：5

新石器时代

鹿尺骨近端　85PKT403⑤，K27551；85PKT305⑤：18

新石器时代

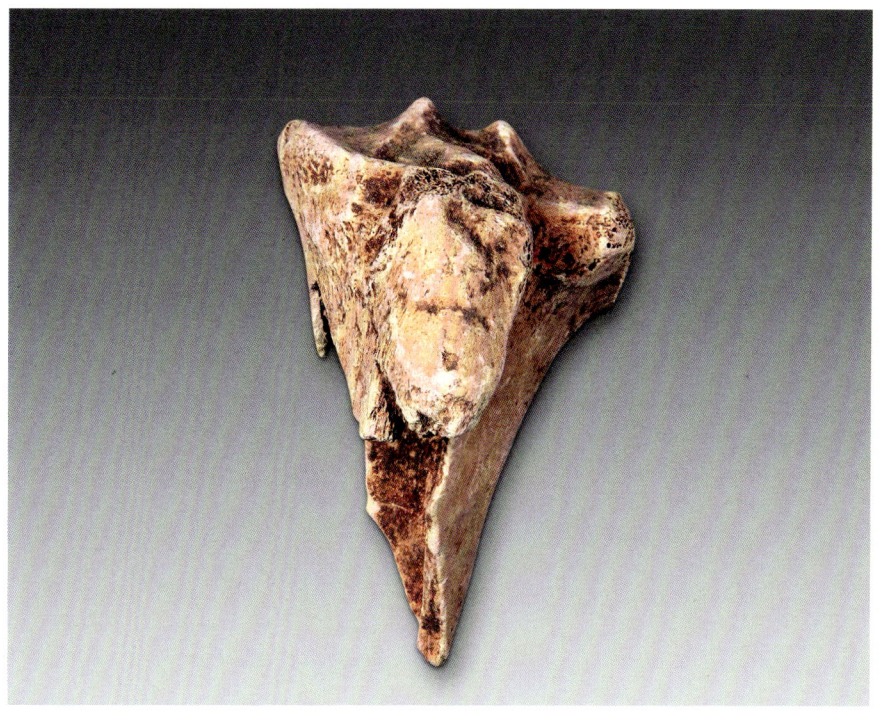

鹿胫骨近端　85PKT408⑤

新石器时代

鹿肩胛骨 85PKT305⑤：18

新石器时代

鹿跖骨远端 85PKT304⑤：8

新石器时代

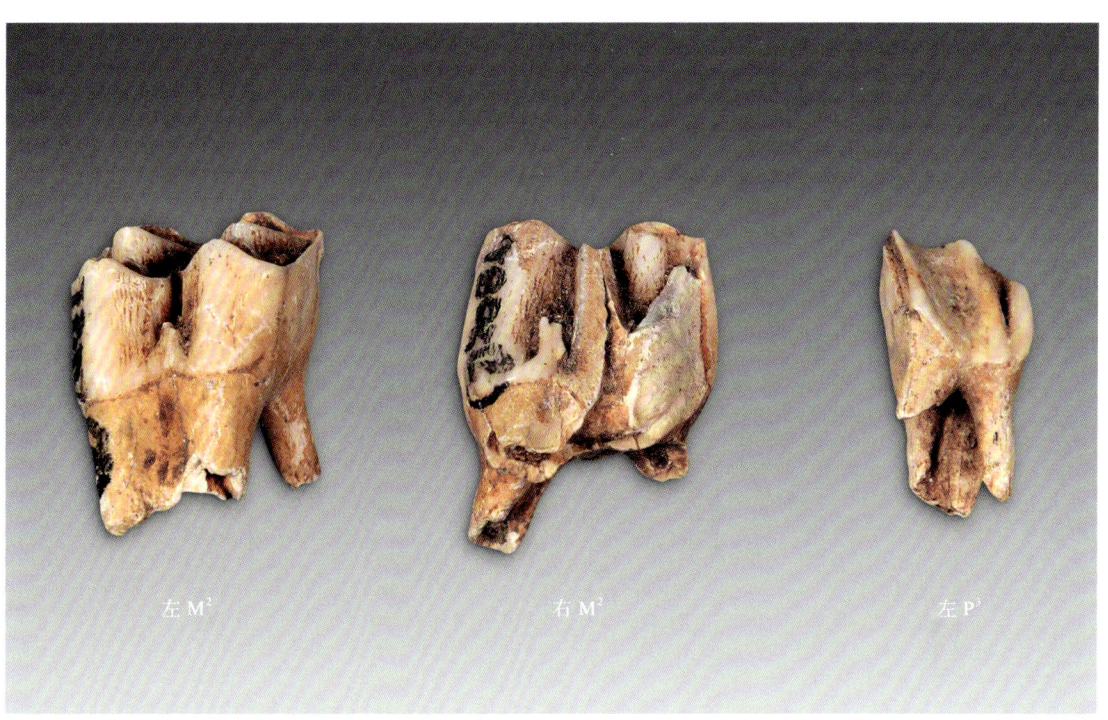

麂牙 85PKT802⑤:7，85PKT802⑤:7，85PKH5:5
新石器时代

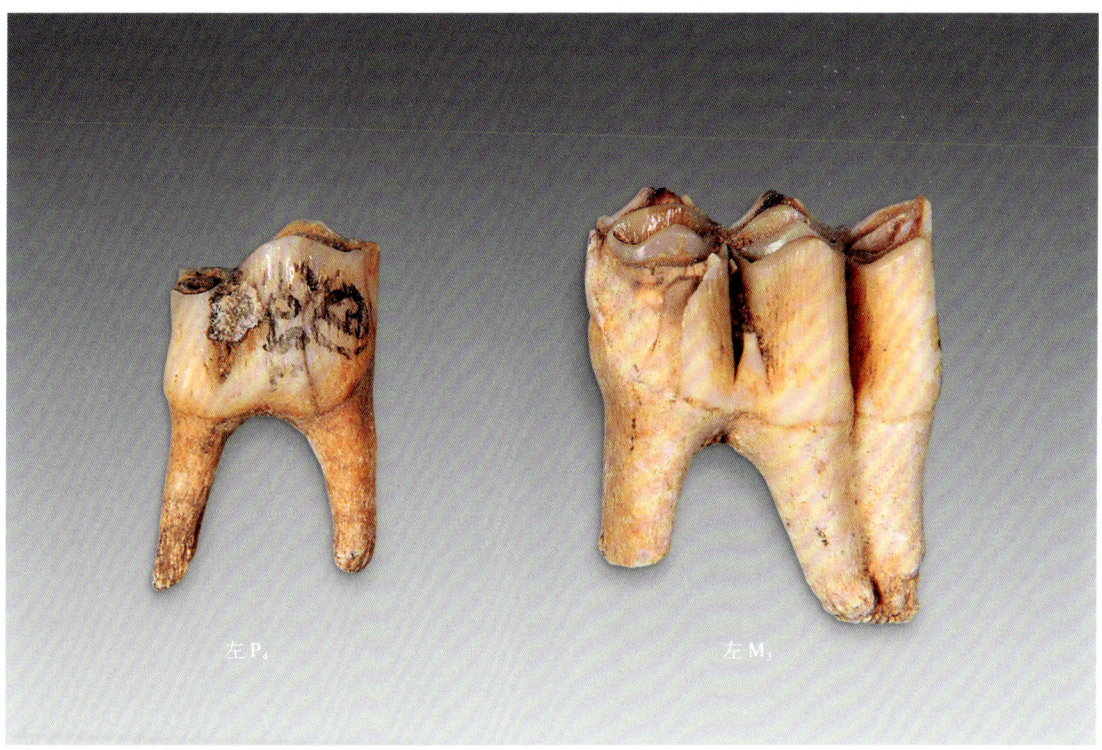

麂牙 85PKT503⑥:13，85PKT503⑥
新石器时代

赤麂左下颌 85PK607⑥:7

新石器时代

赤麂跟骨 85PKH14:4

新石器时代

赤麂肩胛骨 85PKT408⑤:13

新石器时代

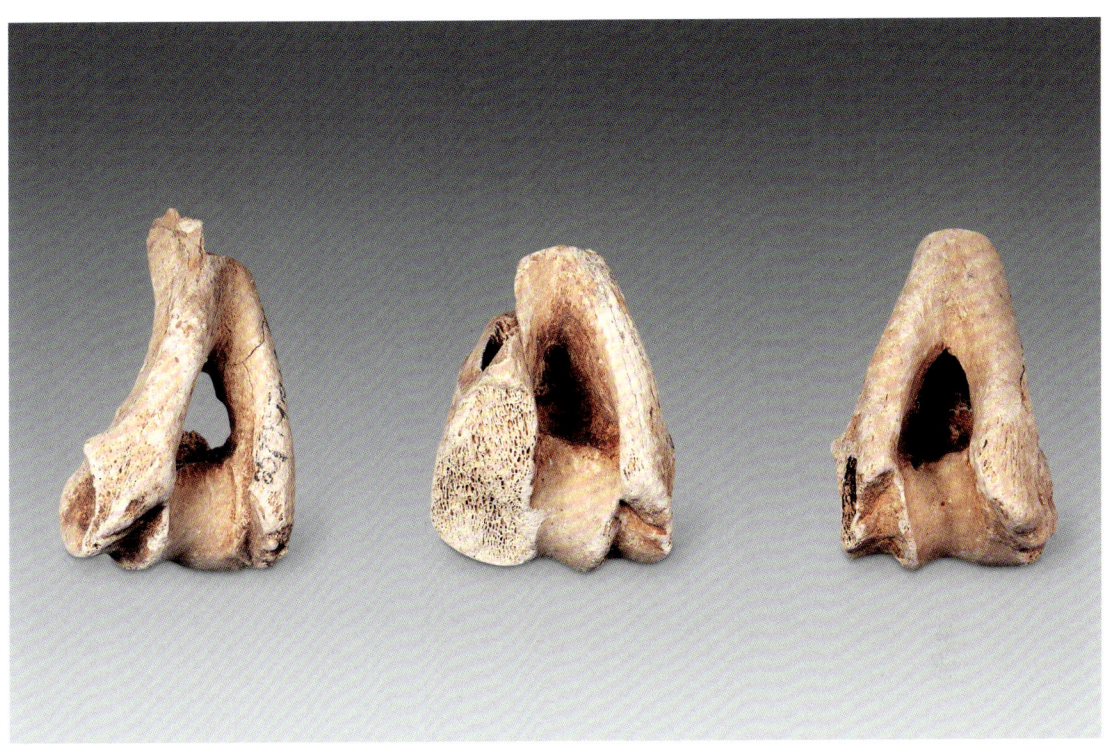

赤鹿肱骨远端 85PKT408⑤：13
新石器时代

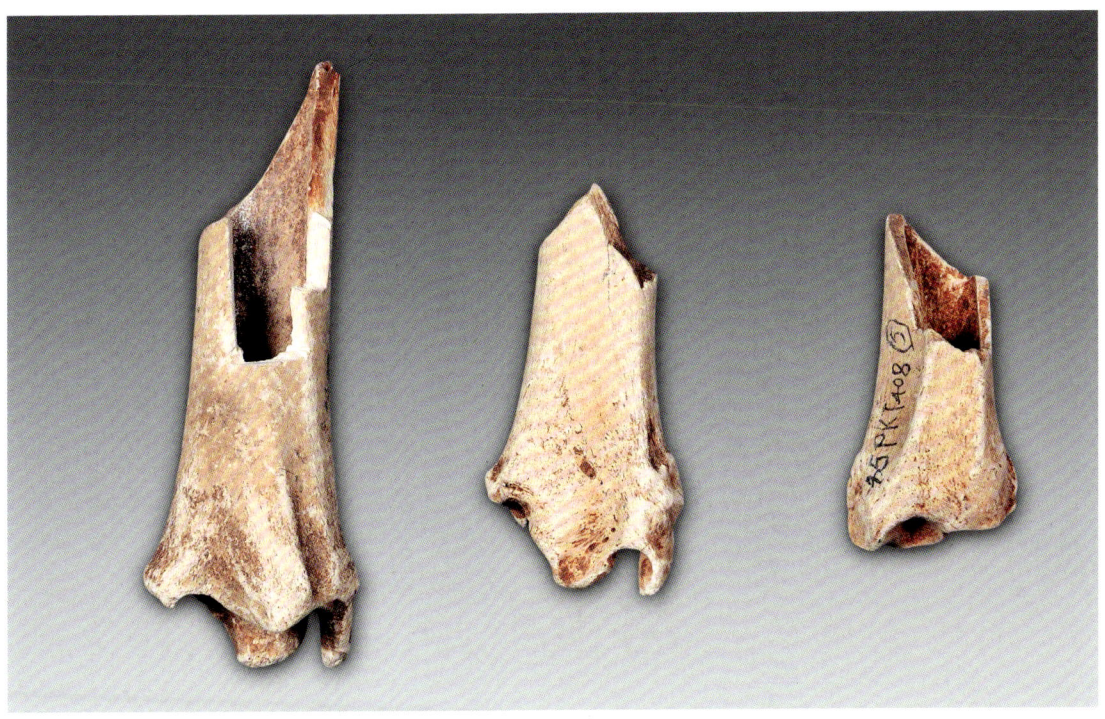

赤鹿胫骨远端 85PKT408⑤：13
新石器时代

野猪右下颌骨 85PKH20∶3
新石器时代

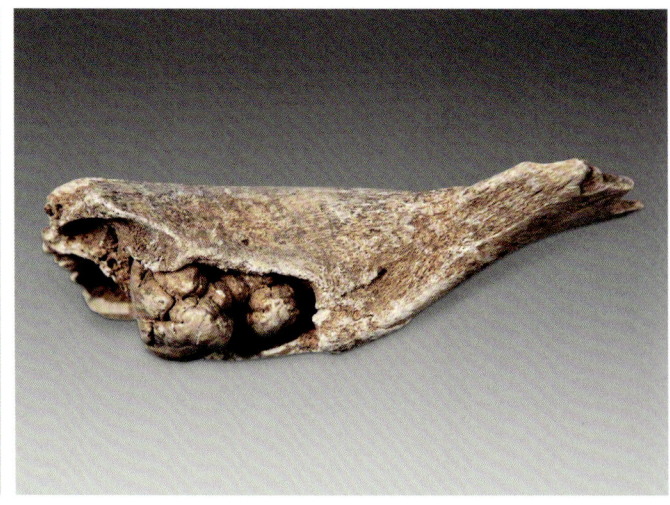

野猪左下颌骨 85PKH20∶3
新石器时代

野猪右下颌骨 85PKH20∶3

新石器时代

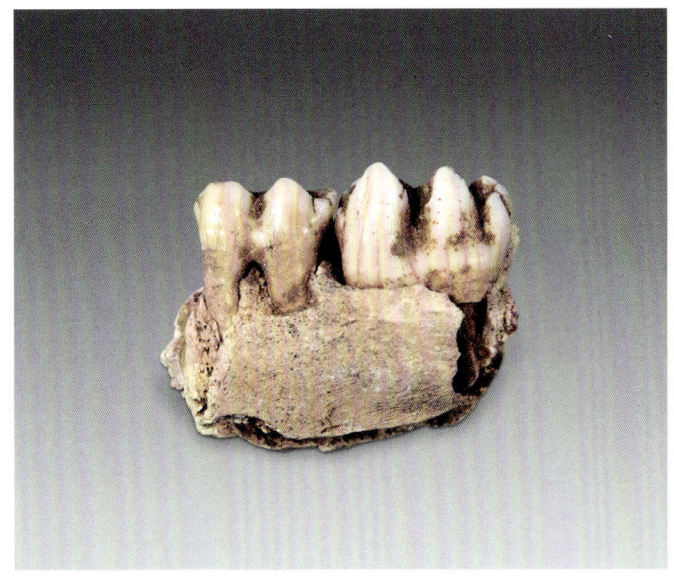

野猪右下颌骨 85PK403⑤∶61

新石器时代

水牛胫骨左侧远端 85PK407⑤：23
新石器时代

水牛肩胛骨 85PK408④：3
新石器时代

海洋鱼类骨骼 85PKH23：6
新石器时代

海洋鱼类骨骼 85PK404⑤：20
新石器时代

海洋鱼类脊椎骨　85PK404⑤：20

新石器时代

海洋鱼类脊椎骨　85PK404⑤：20

新石器时代

龟甲 85PK407⑤, 85PK303⑤, 85PK305⑤
新石器时代

蚌 85PKH5∶4
新石器时代

穿孔牡蛎 64平潭采

新石器时代

牡蛎 85PK403⑤：20

新石器时代

泥蚶 佚号
新石器时代

舟青蚶 04FPKT709H24：13
新石器时代

青蛤 04FPKT503SE 北隔梁 C 层：21
新石器时代

文蛤 04FPKT709H24：7
新石器时代

等边浅蛤 04FPKT503SE 北隔梁 D 层：5
新石器时代

多角荔枝螺 04FPKT503SE 北隔梁 D 层：9
新石器时代

丽花冠小月螺 04FPKT709H24：12
新石器时代

锈凹螺 04FPKT709H24∶1

新石器时代

蝾螺 85PK405⑤

新石器时代

蝾螺厣　04FPKT503SE 北隔梁 C 层：3

新石器时代

管角螺　85PKT407⑤

新石器时代

宝贝螺

04FPKT503SE 北隔梁 C 层：19

新石器时代

节荣螺

04FPKT503SE 北隔梁 C 层：15

新石器时代

鱼舟蚬螺 04FPKT503SE 北隔梁 C 层：5
新石器时代

瓜螺 04FPKT503SE 北隔梁 C 层：2
新石器时代

动物骨骼和贝壳类　255

拟蟹守螺　04FPKT503SE 北隔梁 C 层：4
新石器时代

原壳贻贝　04FPKT503SE 北隔梁 C 层：6
新石器时代

后记

　　壳丘头（亦称壳坵头）遗址，1985年秋至1986年春，由福建省博物馆林公务先生主持首次考古发掘，出土了丰富的史前文化遗物。林先生根据出土遗物的文化内涵、性质、特征，认为这是福建已知最早的新石器时代遗址，根据其经验判断推测年代距今6000~5500年，将其命名为"壳坵头类型文化"。壳丘头遗址是中国东南沿海史前遗址中的一颗"明珠"，遗址的发现为史前闽台关系、华南沿海区域史前文化研究，乃至南岛语族起源与扩散等诸多国际学术界关心的热点问题提供了丰富的考古学材料。

　　自2009年设立"平潭综合实验区"以来，文化遗产的保护与利用工作得到了综合实验区领导的重视。2015～2017年综合实验区联合福建博物院开展平潭史前遗址考古专题调查，取得重要成果，以壳丘头遗址为中心的周边大批不同时期的史前遗址被首次发现。2016年国务院正式批准平潭岛为国际旅游岛，平潭综合实验区将围绕壳丘头遗址规划建设的考古遗址公园作为提升平潭文化旅游水平的重点项目。

　　鉴于平潭特殊的地理区位优势，为深入发掘我国古代海洋文化内涵，促进平潭文化、文物事业的发展以及国际旅游岛的建设，增强我国在"一带一路"沿线国家和地区中的文化软实力，打造好壳丘头考古遗址公园这张金名片，中国社会科学院考古研究所、福建博物院、平潭综合实验区联合成立了"国际南岛语族考古研究基地"。

　　基地将依托中国社科院考古研究所、福建博物院等科研机构的专业技术力量，立足中国东南沿海史前文化，尤其是台湾海峡两岸史前考古调查、发掘与研究工作，着眼国际南岛语族史前考古新成果。该基地是国内外南岛语族专家进行研究成果交流的学术平台，共建单位将围绕壳丘头遗址紧密合作，持续不断地开展文化遗产研究和保护工作，共同推进福建及东南地区古代文化序列的整理，挖掘其巨大的文化内涵；同时积极保护远古文化遗产，开发利用这些珍贵的文化资源，发挥其在海峡两

历史知识交流的重要作用。

为更好地开展相关工作，萨克勒"考古学暨艺术史研究生班"的基础上，区博物馆委员会专门成立了非营利性组织机构"中国国际艺术品展览基金会"，来奉文物展览的开展及学术考察活动，筹措及大学并对其发展活动；邀请国内外有关专家及博物馆机构加入，作为学术咨询的顾问，兼顾和持续地投入，共同参与课题的研究。

2017、2018 年筹措有关开展了茶花展、南山、南溪石山涛等的博物馆的科学考察和发掘，并取得重大成果。2020 年将开展北京大学赛克勒考古发掘 35 周年。同时将举办相关学术研讨活动。

以此为契机，还将办生了赛克勒文化艺术博物馆的一整套图录的出版。将赛克勒考古发掘出土的博物标本名品、论文著录等辑入著名学者专著。当时，北京大学赛克勒考古发掘出土的事物标本，其以来藉专著的方式将赛克勒发掘的馆藏，将图录借此出版。亦乃借此复原，并概要为图录的赛克勒博物馆藏品，以及本来名、存在名、走桩一份道理，有意少人的概略。图录的博物馆藏品根据重点可归纳为赛克勒的博物馆藏出来，完整表达赛克勒的文化风貌，也其次以赛克勒博物馆作为纪念者时所融入专家人生研究所历史的延续性应就在在大家都说。同时，图录是办对一生践献终业，对新克勒奋斗生涯一份表达者的深情内怀。

1985 年发掘时，周家名博物馆馆（即周家博物馆）的林业元老、赛克勒科学家外之父的后顿逝世化。

亦感慨，安慰地，并将事迹等国家名赛克勒考古发掘作出了卓越的贡献，且为博物馆科教育事业对动物的发展做出了重要贡献。

2004 年，在北大百周年纪念二次院楼发楼名美名任课题项目，经邀请由缅甸大学北美文化中心，直接美大学，作上最博物馆研究使，被誉为当今欧美之亚人类学研究权威，他所具有先声，Barry Rolett，考虑，他们等为院系领队，共同关于实力美方共同，今后"中缅院"，院考民族学与海生加来和再春期的紧密工作。

来图录的编辑策划工作，得到周缅甸博物馆张奚澍馆长、徐天进

所揭示先民长久乃至持久图景体系构筑的规律者还者，谓物体本绘图，器物描述，图录象的部分文稿和后期绘图所皆校对用在长短、王陵图砖者；动物器物和义素摹影定甲中图科学院考古研究植物的与孔人类研究所之主任召集；书稿的绘图所制出择充巨陶物塑彩绘拼充究院；王长鼐名者粪物脚片相摘；能仁工有石者器物摹各；后勒崇摩物测入程有裸绘小伟，狗夺木，阮德普，侯之，王琳等。

经过水墨系各家墨区差多年，本辑社各事业团的相关绕古对团象的陶器与出陶的关心与关注；尤其博物院大物考古研究所能够提供了乙鼎深地方、道其博物到进对团象的绕董进度；中国社会科学院考古研究所对本团象的绕董提供了乙私的协助，在此对各提供帮助使本团象顺利完成的单位和个人致以诚挚的感谢！

本图录是凝聚了诸多师友搞献者与众多同仁共同努力的一部浩瀚大
成果，她们包括论知未者，因时间仓促，书中出现遗漏在所难免，请专家学
者不吝批评指正！

北京国际市陶瓷语录研究院 沈孝苯
2019年8月1日